AF494141

Librairie J. Noiriel, F. Staat Succ., Strasbourg (Alsace.)

Catalogue
de
l'Importante Bibliothèque
de feu
M. Jean-Louis-Edouard Kratz.

ancien Maire de Strasbourg
et Président du Consistoire Supérieur et du Directoire
de l'Eglise de la Confession d'Augsbourg
en Alsace-Lorraine

dont la **Vente aux Enchères** aura lieu
les 21 et 22 Octobre 1908 à 9h du matin - 7 Place des Moulins
par le ministère de **Me. Dr. Huber**, Notaire à Strasbourg.

Katalog
der wichtigeren Werke der von
Herrn Jean-Louis-Edouard Kratz

ehemaligem Bürgermeister der Stadt Strassburg
und Präsidenten des Oberkonsistoriums und des Direktoriums der
Kirche Augsb. Confession in Elsass-Lothringen

hinterlassenen wertvollen Bibliothek, deren **Versteigerung**
am 21. u. 22. Oktober 1908, jeweils von 9 Uhr ab
durch den Kais. Notar Herrn **Dr. Huber** in Strassburg stattfinden
wird. — Auktionslokal: **7, Mühlenplan.**

Bestellungen aus dem Kataloge nimmt entgegen:
J. Noiriel's Buchhandlung, F. Staat Nachf., Strassburg i. E.
27, Schlossergasse.

Druckerei J. Scherz,
Offenbach a. M.

Conditions de la Vente. — Auctionsbedingungen.

La vente commencera le 21 Octobre 1908 à 9 h. du matin et sera continuée le lendemain à la même heure.

Il sera vendu environ 400 numéros par jour, dans l'ordre du catalogue. Mr. Staat se réserve le droit de réunir. s'il y a lieu, plusieurs numéros en un seul lot.

L'exposition des objets aura lieu le jour de leur passage à l'enchère à partir de 8 heures dans le local de la vente.

Cette exposition mettant le public à même de se rendre compte de l'état des objets, il ne sera admis aucune réclamation, une fois l'adjudication prononcée

Les adjudicataires sont tenus d'enlever immédiatement les objets dont ils se sont rendus acquéreurs.

Le prix d'adjudication est à payer comptant, avec 10% en sus pour les frais.

Dans le cas, où au moment d'une adjudication il surgirait un différend en raison d'une mise double, l'objet sera immédiatement remis en vente.

Pour tous renseignements et commissions, s'adresser à M. F. Staat, libraire, 27 rue des Serruriers, Strasbourg.

Die Auction beginnt am 21 Oktober 1908 um 9 Uhr morgens und wird am folgenden Tage zur selben Stunde fortgesetzt.

Es werden jeden Tag ca. 400 Nummern in der Reihenfolge des Kataloges versteigert. Herr Staat behält sich jedoch das Recht vor, wenn nötig, mehrere Nummern zu einem Loose zu vereinigen.

Die an den einzelnen Tagen zur Versteigerung gelangenden Gegenstände sind an den betreffenden Morgen von 8 Uhr ab im Auctionslocale zur Besichtigung ausgestellt.

Da durch diese Ausstellung Gelegenheit geboten ist, sich von dem Zustande der einzelnen Gegenstände zu überzeugen, so können Reklamationen nach erfolgtem Zuschlag in keinerlei Weise berücksichtigt werden.

Die Versteigerung geschieht gegen bare Zahlung und hat der Ersteher auf den Zuschlag ein Aufgeld von 10% zu entrichten. Die gesteigerten Gegenstände sind sofort in Empfang zu nehmen.

Sollte durch erfolgtes Doppelgebot eine Meinungsverschiedenheit entstehen, so wird die betreffende Nummer sofort nochmals ausgeboten.

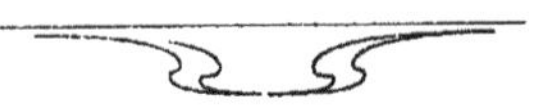

Bibliothèque Kratz.

1. Alsatiques.

1 **About, Ed.** L'Alsace. 1871—72. Paris 1873, in-12, br.

2 **Agon de Lacontrie, d'.** Ancien Statuaire d'Alsace. Colmar 1825, in-8°, br.

3 **Album alsacien.** Nos du 17 décbr. 1837 au 6 Oct. 1839. Cart. en 4 vol. in-4°, av. 93 pl. lith.

4 — Même ouvrage, en 1 vol. rel.

5 — Numéros divers, av. 22 planches.

6 **Album de la Société des Amis des Arts** de Strasbourg. 1859. In-fol., cart.

7 **Almanachs.** — 1 lot de 7 pièces in-24 divers: **Alman. hist. de la Rév. franç.** 1792. — **L'Astrologue alsac.**, 1823. (2 ex.) — **Alsat. Taschenbuch** 1806 u. 1808. — **Le Télégraphe de Strasb.** 1829. — **Alsat. Vergissmeinnicht.** 1825.

8 **Annuaire** du département du Bas-Rhin. Années 1824 à 1838. Strasb. 15 vol. in-12, cart.

9 **Arnold, G. D.** Der Pfingstmontag. Lustspiel in Strassb. Mundart, in 5 Aufz. u. in Versen. Mit Goethes Beurteilung. Strassb. 1816, in-8°, cart.

10 — Dasselbe. Strasb. 1874, in-8°, geb. Neue Ausg. v. **L. Spach.**

11 — Dasselbe. 3. Ausg. mit 40 Orig.-Zeichngn. v. **Th. Schuler.** Strassb. 1850, in-fol., geb.

12 — Dieselbe Ausg., Text allein, mit dem Portr. des Verfassers.

13 **Aufschlager, J. F.** Das Elsass. 2 vol. & supplt. Strassb. 1825 à 28, in-8°, cart.

14 — les 3 parties en 2 vol. rel.

15 **Baquol-Ristelhuber.** L'Alsace anc. et mod., ou Dictionnaire hist. . . . du Haut et du Bas-Rhin. 3e édit. Av. 15 pl. et 5 cartes. Strasb. 1865, in-8°, cart.

16 **Baum, J. G.** Procès de Baudichon de la Maison Neuve, accusé d'Hérésie à Lyon, 1534. Genève 1873, in-18, br.

17 **Beaulieu.** Recherches arch. et hist. sur le Comté de Dachsbourg, aujourd'hui Dabo. Paris 1836, in-8°, br. Av. 6 pl.

18 **Beck, F. N. L. P.** Factum ou Exposition simple . . . des Injustices et des Cruautés de Joseph Klinglin. Francfort 1752, in-fol., cart.

19 **Berg, C.** Aperçu hist. sur l'état de la Musique à Strasbourg. Strasb. 1840, in-8°, br. (2 ex.)

20 **Bergmann, Fr. W.** Strasb. Volksgespräche. 1873. — Weggewohnts Lied. 1875. — Rig's Sprüche. 1876. — Des Hehren Sprüche. 1877. — Allweise's Sprüche. 1878. — Die Edda Gedichte. 1879. — Dante, sa vie et ses oeuvres. 1881. — Eine Kette von Liedern. 1833. Zusammen 7 Bde. in-8°, br.

21 **Berneggerus, J. C.** Forma Reipublicae Argentoratensis. Argent. 1674, in-64, rel.

22 **Bibliothèque allemande.** Journal de Littérature. Publ. p. MM. **H. Barthélemy** et **G. Silbermann.** 4 vol. 1826 et 1827, rel.

23 **Bibliothèques. — Casino littéraire** et **Bibliothèque municipale.** 1 lot: Catalogues, règlements, rapports, etc.

24 **Bibliothèques privées.** — 1 lot de Catalogues divers.

25 **(Billing, S.)** Geschichte u. Beschreibung des Elsasses. Basel 1782, cart. Mit einer Charte vom Elsass.

26 **Biographies diverses.** — 1 lot de 51 pièces.

27 **Blessig, J. L.** — 2 Biographien: **Fritz, C. M.** Leben D. J. L. Blessigs. 2 Tle. in 1 Bd. geb. Strassb. 1818. Mit Portr. — **Riff, Fr.** Das Vater Unser, od. Dr. Blessig während der Schreckenszeit. Strassb. 1883, in-8°, rel.

28 **Boegner, Ch.** Au Service de Dieu. Souvenir du Cinquantenaire de l'Institution des Diaconesses de Strasbourg. Strasb. 1893, in-8°, br. Av. illustr.

29 **Boese, C.** Gezwungene Reise nach Afrika, in lustigen Versen erzählt. Strassb. 1882, in-18, br. Mit Illustr.

30 **Bourguignon, Dr. Eug.** Bischwiller depuis 100 ans. Bischwiller 1875, in-8°, br. Av. vue lith.

31 **Briefe einer reisenden Dame** aus der Schweiz, 1786. Strasb. 1786, geb.

32 **Brucker, J.** Inventaire sommaire des Archives communales de la Ville de Strasbourg. Parties 1—3. Strasb. 1878—1882, in-4°, br.

33 **Büll (Die) 'neffabilis** vom Babst Pius IX, uf Stroszburjer Dytsch. Strassb. 1879, in-4°, geb. Illustr. mit Verzierungen aller Art.

34 **Bulletin de la Société litt.** de Strasbourg. T. I à V, 1. Strasb. 1862—1870, in-8°, en 10 livr.

35 **Bulletin de la Société pour la Conservation des Monuments hist. d'Alsace.** 1re Série, 4 vol. rel. — 2e Séries, T. I à XXII, br. Strasb. 1856 à 1904. (Collection complète).

36 — 1re Série, 4 vol. — 2e Série, T. I', II à VIII.

37 **Busch.** — Affaire Busch. (Enseignement des Séminaires de France). 6 brochures des années 1843 à 1845.

38 **Calendriers.** — 1 lot de 29 pièces in-4°. Années diverses.

39 **Cartes d'Alsace.** — 1 lot de 15 cartes et plans divers.

40 **Chauffour, Ignace.** Souvenirs d'un ami. Colmar 1880, in-12, br. Av. portr.

41 **Clauss, J. M. B. Histor.-topogr. Wörterbuch** des Elsass. Lfg. 1—11. Zabern 1895—1906, gr. in-8°.

42 **Code hist. et diplomat.** de la ville de Strasbourg. T. 1, en 2 parties. Strasb. 1843—48, gr. in-4°, belle édit., cart.

43 — Edit. simple, les 2 parties br. (2 ex.)

44 **Constitution** de la République franç. Tirage de Luxe. Strasb. 1848, pet. in-4°, rel.

45 **Contes pour les Enfants.** — 1 lot de 10 brochures.

46 **Coqueugniot.** Mémoire hist. sur les anc. Monumens milit. de la ville de Strasbourg. Strasb. 1822, in-8°, br.

47 **Coste.** Réunion de Strasbourg à la France. Strasb. 1841, in-8°, br.

48 **Costumes militaires. — Isnard, P. F. d'.** Etat général des Uniformes de toutes les troupes de France, représentées par un homme de chaque Régiment dans le costume du nouveau Règlement du 21 févr. 1779. (174 planches col.) In-4°. Strasb., J. H. Heitz, 1779, rel. (Très rare).

49 — **Moltzheim.** Collection des Uniformes actuels de l'Artillerie européenne. 27 planches color. In-fol. Metz, Lith. de Dupuy, rel.

50 **Crédit foncier.** — Bodencredit. — Affäre v. Jahre 1894. Diverse Zeitungsnummern.

51 **Culmann, F. W.** Geschichte von Bischweiler. Mit Ansicht u. Plan. Strasb. 1826, in-8°, cart.

52 **Daubrée, A.** Description géolog. et minéral. du département du Bas-Rhin. Av. carte sur toile et 5 pl. Strasb. 1852, in-8°, rel.

53 **Delbos, J., et J. Koechlin-Schlumberger.** Description géologique et minéralogique du département du Haut-Rhin. 2 vol. Av. 4 pl. et 1 carte. Mulh. 1866—67, gr. in-8°, br.

54 **Delille, Jacques.** L'Homme des Champs, ou les Géorgiques françoises. Av. frontisp. par **C. Guérin.** Strasb. 1800, cart.

55 **Description du Département du Bas-Rhin,** publ. sous les auspices de **M. Migneret.** T. I, II. 1 et 2, IV, 1. Strasb. 1858—61. 4 vol. in-8°, br.

56 **Dialecte strasbourgeois.** — 1 lot de 10 pièces de **A. Pick, Ch. F. Kettner, Boese,** etc. dont une partie en plusieurs exempl.

57 **Dieffenbach, L. F.** Karl Ludwig Schulmeister, der Hauptspion . . . Napoleons I. Leipzig 1879, in-8°, br.

58 **Dietrich, Friedr.,** ehemal. Maire von Strassburg, an seine Mitbürger. Nebst einem Anhang. In-4°, 1793, br.

59 **Dürckheim, Graf F. E. v.** Lilli's Bild, geschichtlich entworfen. Mit Photolith. Nördlingen 1879, in-8°, br.

60 **Eglises.** — 15 brochures diverses relatives à l'église de Barr et aux églises de Strasbourg.

61 **Ehrenberg, Fritz.** Le Hohwald et ses environs. Zürich s. d. Av. ill. (2 ex.) — **Kuntz, J. H.** Carte du Hohwald et de ses environs. 1868.

62 **Elsass (Das).** Illustr. Wochenblatt. 1. bis 3. Jahrg., cart. 1879—81.

63 **Engelhard, Chr. Mor.** Wanderungen durch die Vogesen. Mit 1 Ansicht. Strassb. 1821, in-8°, cart.

64 — Herrad von Landsperg . . . u. ihr Werk: Hortus Deliciarum. Mit 12 Kupfertafeln in-fol. Stuttg. 1818, in-8°, rel.

65 — Der Ritter von Stauffenberg. Mit 26 lith. Platten. Strassb. 1823, in-8°, et atlas in-4°, cart.

66 — Dasselbe, br.

67 **Epingles (Les).** Revue crit. de Strasbourg. Juin 1841. Strasb. 1841, in-24, br.

68 **Erckmann-Chatrian.** La Guerre. 1866, br.

69 **Eroticas.** — Poésies érotiques et autres. Par un Anonyme. Strasb. 1847, in-8°, br. (2 ex.) — Gravures érotiques.

70 **Evênements et Fêtes.** — 1 lot de brochures diverses.

71 **Fargès-Méricourt, P. J.** Relation du Voyage de S. M. Charles X en Alsace. Strasb. 1829, in-4°, cart. Av. planches lith.

72 **Fêtes diverses.** — 1 lot de 8 brochures, pour la plupart relatives au voyage de Charles X en Alsace.

73 **Fischart, Joh.** Das glückhafft Schiff v. Zürich. Ein Lobspruch . . . Neudruck nach dem Original von 1577. Strassb. 1884, kl. 4°, br.

74 **Fischbach, G.** 3 ouvrages: La Manufacture des Tabacs de Strasb. 1873. — La Fuite de Louis XVI. 1879. — Au Hasard de la Plume. 1886.

75 — Doubles des 2 premiers ouvrages du No précédent.

76 — Le Théâtre de Strasbourg et la dotation Apffel. Strasb. 1884, br. (2 ex.).

77 **Fischer, Dag.** 6 brochures: Das ehemal. Amt Wasslenheim. 1871. (2 ex.) — Gross- u. Klein-Geroldseck. 1875. — Romansweiler. 1877. — Ochsenstein. 1878. — Le Rocher du Saut du Prince Charles. 1878.

78 **Flaxland, F.** Elsässische Novellen. Strassb. 1871, in-18, br.

79 **Frise, Joh.** Neue Vaterländ. Geschichte der Stadt Strassburg. 5 Bde. Strassb. 1791—1801. Geb. (Sehr schönes Exempl.) Mit Porträts.

80 — Dasselbe, beschnitten, in cart. Bänden.

81 — Dasselbe, beschnitten, in zweierlei Cartonnagen.

82 — Histor. Merkwürdigkeiten des ehemal. Elsasses. Strassb. 1804, cart. Mit Portr.

83 **Gaidoz, H.,** et **Paul Sébillot.** Bibliographie des Traditions et de la Littérature popul. de l'Alsace. Strasb. 1883, br.

84 **Gemeinde-Zeitung** f. Elsass-Lothr. **(Beilage).** 1 Los Nummern mit histor. Beiträgen üb. Els.-Lothr. In-4°.

85 **Golbéry, M. de,** et **J. G. Schweighaeuser.** Antiquités de l'Alsace. Av. 80 pl., lith. — Monumens romains. Av. 8 pl. — Vues pitt. de la Cathédrale de Strasbourg. Av. 15 pl. lith. par Chapuy. In-fol., Mulhouse 1827—28, rel.

86 — Même ouvrage, sans la partie des Monumens romains. Rel. ord.

87 **Grafeccius, Georgius.** (Med. Doct. zu Strassburg). Fons salutis scatebra petrina: Das ist / Gründtliche Beschreibung der weitberümbten Brunnquellen . . . zu Petersthal vnd Griessbach. Stuttgardt 1608, in-18, geb.

88 **Graffenauer, J. P.** Topographie physique et médicale de la ville de Strasbourg. Av. vue et plan, Strasb. 1816, br.

89 **Grandidier (abbé).** Essais hist. et topogr. sur l'Eglise Cathédrale de Strasbourg. Strasb. 1782, rel.

90 — Histoire ecclésiast., militaire, civile et litt. de la Province d'Alsace. T. I. Strasb. 1787, in-4°, rel.

91 **Guerre de 1870.** — 1 lot d'une quinzaine de pièces: Ouvrages de **Th. Gautier, J. Sée, le Comte d'Hérisson, etc.** Humoristisch-satyr. Kriegsbilder, mit col. Titelbildern.

92 **Gutenberg.** — 1 Los von ca. 10 diversen Broschüren u. Flugblättern.

93 **Gyss (l'abbé).** Inventaire-sommaire des Archives communales de la Ville d'Obernai. Strasb. 1868, in-4°, br.

94 **Hartmann, C. F.** Chansonnier alsacien. Strasb. 1824, br.

95 — Alsatische Saitenklänge. Strassb. 1840, br.

96 — Das Schloss Lützelhardt. Dramatisch bearbeitet. Strassb. 1836, br.

97 **Hausfreund (Der).** Ein Buch f. Jedermann, das bisher wöchentlich bogenweise erschienen ist. Strassb. 1826, cart.

98 **Hebel, J. P.** Alemannische Gedichte. 5. Ausg. mit **3 Kupfern von Benj. Zix.** Aarau 1820, cart.

99 **Heitz, F. C.** Notes sur la vie et les écrits d'Euloge Schneider. Strasb. 1862, br. (2 ex.).

100 — La Contre-Révolution en Alsace. Strasb. 1865, br.

101 **Helje** (Strosburjer) im Herr Vetter Daniel zen' Ehre gezeicht vom e. Burrjerskind. Erschts Schribbuechel voll. **6 color. Blätter.**

102 **Hepp, Eug.** Du Droit d'Option des Alsaciens-Lorrains. Paris 1872, br.

103 **Hermann, Jean-Fréd.** Notices hist., statist. et litt. sur la ville de Strasbourg. 2 vol. Strasb. 1817—19, cart.

104 **Herrade de Landsperg.** Hortus deliciarum. Reprod. héliogr. Texte explicat. par les Chanoines **Straub** et **Keller.** Livr. 1 à 6 et 8 à 12. Très gr. in-fol.

105 **Hertzog, Bernhart.** Chronicon Alsatiae. Edelsasser Chronick . . . . Strassb. 1592, in-fol., Pergamentband. Mit vielen Wappenabbildungen. (Schönes Expl.)

106 **Hirtz, Daniel.** Des Drechslers Wanderschaft. Strasb. 1844, br. (Titel fehlt).

107 **Hoh-Königsburg.** — 5 diverse Werke: **Hoh-Königsb.** im Els. 1878. — **Album von Hohkönigsb.** (23 Ansichten). 1878. — **Dietsch, G.,** Château du Hoh-Königsburg. 1882. — **Risler, D.** Manuel du Touriste. 1860. — **Panorama** de l'Alsace et des Vosges.

108 **(Horning, W.)** An die Leidtragenden. Aus dem Tagebuch eines Geprüften. Strassb. 1888, br.

109 **Horrer.** Dictionnaire géogr., hist. et pol. de l'Alsace. T. I (seul paru). Strasb. 1787, rel. (2 ex.)

110 **Hottinger, Chr. G.** Elsass-Lothringen. Strassb. 1883, geb. Mit zahlreichen Illustr.

111 **Huguenv, F.** Le Coup de Foudre de l'Ile du Rhin. Av. carte et 3 plans. Strasb. 1869, in-4°, br.

112 **Ihme, F. A.** Burg Falckenstein im Wasgau. Hagenau 1874, in-18, br.

113 **Imlin, Eman. Friedr.** Vogesische Ruinen u. Naturschönheiten. Mit 14 Kupfertafeln. Strassb. 1821, cart. (Schönes Exempl.)

114 **Imprimerie Alsac.,** anc. G. Fischbach, Strasbourg. Album-réclame in4°, avec vues photolith. de Strasb. et de l'Alsace. Rel.

115 **Josephus, Flavius.** Des hochberühmten jüdischen Geschichtsschreibers Historien u. Bücher von alten jüdischen Gesch. Strassb. 1612. In-fol., mit vielen Kupfern, doch ohne Titelblatt. — Angebunden: **Egesippi's** 5 Bücher: Vom Jüdischen Krieg . . . Aus d. Lat. übersetzt von Conradus Lautenbach, aus Hunaweier, 1575. Mit vielen Kupfern. In Pergamentbd. geb.

116 **Jubelfeier der Stadt Strassburg,** da vor 100 Jahren die Stadt an Frankreich übergeben worden. Sammelband mit 6 Schriften aus dem J. 1781. Cart.

117 **(Karth, J.)** Vues pittoresques des environs de la Montagne de Ste Odile. Dessinées d'après nature et lithogr. par un Amateur. 2 livraisons. Strasb. 1826, pet. in-fol., br. (12 vues).

118 **Kentzinger, de.** Strasbourg et l'Alsace, ou Choses mémorables des Vieux Temps. Strasb. 1824, cart.

119 — Des Grains, et de qques. objets de police à Strasb. Strasb. 1820. br.

120 — Documents hist. relatifs à l'Histoire de France. 2 vol. Strasb. 1818—1819, br.

121 — Même ouvrage. 2 vol. cart.

122 **Kiechel, J. Fr.** Schneider mit der Zaubergerte, od. Geschichte des Geisterbeschwörers . . . Georg Schneider's von Höhnheim. Strassb. 1804, cart.

123 **Kinderspiele, Dramatische.** Strassburg 1769, geb.

124 **Kirschleger, Fréd.** Flore vogéso-rhénane. 2 vol. Strasb. 1870, br.

125 **Klein, Carl.** Der Wallfahrtsort Marienthal. Strassb. 1883, br.

126 **Klein, Ch. G.** Saverne et ses Environs. Av. illustr. par **Eug. Laville.** Strasb. 1849, br.

127 **Kneiff.** Der Veteran der Kaisergarde am 29. Julius 1830, br.

128 **Koenigshoven, Jac. von.** Die Alteste . . . Elsassische u. Strassburgische Chronicke. Herausg. v. **D. Joh. Schiltern.** Strassb. 1698, in-4°, geb. Mit Kupfertafeln.

129 — Dasselbe, cart. Mit beigefügtem Portrait des Herausgebers v. J. A. Seupel.

130 **Kraus, Fr. Xav.** Kunst u. Altertum in Elsass-Lothringen. Bd. I[1] u. Bd. II cplt. Strassb. 1876—84, in 4 Lfgn. br. Mit Holzschnitten u. Lichtdrucktafeln.

131 **Laguille, Louis.** Histoire de la Province d'Alsace. Strasb. 1727, in-fol., 2 parties en 1 vol. rel. Av. cartes et frontisp.

132 — Même ouvrage, cart.

133 **Lamey, August.** Gedichte. In 8 verschiedenen Ausg., aus den Jahren 1836—1860.

134 — Dubletten der Ausg. 1852, 1854 u. 1856. Cart.

135 **La Roque, Louis de, et Ed. de Barthélemy.** Catalogue des Gentilshommes d'Alsace. Paris 1865, in-8°, br.

136 **Leusse, le Comte Paul, de.** Souvenirs d'un Aspirant de Marine. Paris 1867, rel.

137 **Levrault, Louis.** La Vallée de la Brusche, Haslach, Girbaden, Nideck et le Donon. (Extr. Revue d'Alsace). — Mulhouse et le Vieux Mulhausen. Av. vue lith. 1836. — Essai sur l'anc. Monnaie de Strasbourg. Strasb. 1842, br. — Landau. Etude hist. Colmar 1859, br.

138 **Liblin, J.** Chronique de Colmar. 3 parties en 2 vol. Mulh. 1867—68, br.

139 **Luroth, Dr.** L'Administration municip. de Bischwiller, à partir de 1840. Bischwiller 1864, br.

140 **Lutzelbourg (Le Vieux)**, par la Baronne B. Baden-Baden 1883, br.

141 **Marseillaise (La)**, 1 petit lot de feuilles volantes et d'articles de journaux.

142 **Martin, E.** Meistersinger von Strassburg. 1882, br.

143 **M(erlin), P.** Promenades alsaciennes. (Au Donon et au Ban-de-la-Roche). Paris 1824, rel. Av. 6 lith. et 1 carte. (2 exempl.)

144 **Metz.** — 24 Proclamations, lois, règlements, etc., des années 1790—1791, sortant des presses de la maison J. B. Collignon, à Metz. Dans 1 vol. cart.

145 **Meyer, J. Ph.** Ober-Ehnheim am Fusse der Vogesen. Strassb. 1841, br. Mit lith. Ansicht. (2 Exempl.)

146 **Mieg, Matth., der Aeltere.** Der Stadt Mülhausen Geschichte bis z. Jahre 1816—17. 2 Bde. in-4°. Mit 2 Tafeln. Geb.

147 **Mirlitons (Les) de Strasbourg.** 1re à 3e années, en 30 Nos. ill.

148 **Missionsfreund (Der).** Jhrg. 1837—1851. In Nummern, in-4°. (Fehlt 1838, H. 5).

149 **Mohr, L.** Bibliographie der in Elsässischer Mundart erschienenen Schriften. Strassb. 1877, br.

150 **Molière-Fischbach.** Der Geizhals. — Gezierte Frauen. 2 Bde. Strassb. 1894, br.

151 **Müller, E.** Le Magistrat de la Ville de Strasbourg, les Stettmeisters et Ammeisters de 1674 à 1790 . . . Strasb. 1862, br. (2 exempl.)

152 — L'Archiduchesse Marie-Antoinette à Strasbourg, le 7 et le 8 mai 1770. Strasb. 1862, br.

153 **Mündel, C.** Die Vogesen. Mit Kartenbeilagen. 1. Aufl. Strassb. 1881, geb.

154 — Les Vosges. Av. cartes et plans. 1re édit. Strasb. 1884, rel.

155 **Notice sur les Mines** et Usines de Framont, commune de Grandfontaine, canton de Schirmeck. Strasb. 1845, br. Av. 3 cartes.

156 **Oberlin, J.-Fréd. — L(utteroth), H.** Notice sur J.-F. Oberlin. 1826. Av. portr. (2 exempl.). — **Stoeber, D. E.** Vie de J. F. Oberlin. 1831. Av. 9 lith. — **T(ourette), F.** Le Pasteur Oberlin, ou le Ban-de-la-Roche. 1824. Av. lith.

157 **Oberlin, H.-G.** Propositions géologiques . . . du Ban de la Roche. Strasb. 1806, cart. Av. 5 pl. et cartes.

158 **Ordonnances, Règlements, etc.** de la Ville de Strasbourg. — 27 pièces in-8° et in-4°, plus l'**Acte de Mariage de Louis XV** (extrait des Registres des Actes de Mariage de la Paroisse de St. Louis à Strasbourg). Copie officielle de 1839.

159 — en grand nombre, réunis en 4 forts volumes reliés, In-fol.

160 **Ott, Edmond.** Un Mot d'Histoire sur l'Alsace et Strasbourg. Paris 1884, in-8°, br.

161 **Paganini, Nicolo.** — Papiers relatifs à son séjour à Strasbourg, en février 1831, avec portraits, dont l'un encadré. En plus, 2 brochures des années 1830 et 1831.

162 **Pastorius, Joh. Martin.** Kurze Abhandlung von den Ammeistern der Stadt Strassburg. Strassb. 1761, geb. Mit Wappenbildern.

163 **Pfeffel, Gottl. Conrad.** Prosaische Versuche. 11 Tle. in 5 Bde. cart. Tübingen 1810—1820. — Poetische Versuche. 10 Tle. in 5 Bde. cart. Tüb. 1802—1816.

164 — Fables et Poésies choisies. Trad. en vers franç. par **Paul Lehr.** Strasb. 1840, gr. in-8°, rel. Av. portr., 5 front. chromolith. et 4 pl.

165 **Piton, F.,** Strasbourg illustré. Strasb. 1855. 2 vol. gr. in-4°, reliés. Av. 80 planches et les 4 grands Panoramas. (Bel exempl.)

166 — Même ouvrage, sans les 4 Panoramas, rel. (Bel exempl.)

167 — Promenades en Alsace: Ribeauvillé et ses environs. Strasb. 1856, br.

168 **Poésies.** — 1 lot de 23 pièces, pour la plupart imprimées à Strasbourg. Entre autres: Rede an den Grossfürsten Paul Petrowitsch, 1772, deutsch. — Le même, av. trad. franç. — Gedichte von **G. D. Pack, Ch. Lamey, J. F. Wenning, C. W. Hornig, u. s. w.**

169 **Pompiers et Service des Incendies.** — Strasbourg et Alsace. 1 lot de 10 pièces in-8° et in-4°.

170 **Rabany, Ch.** Les Schweighaeuser. Paris 1884, br. Av. 4 portr.

171 **Rabus, Ludovicus.** Historien der Martyrer. Ander Theil. Mit Holzschnitten. In-fol. Strassb. 1572. Schweinslederbd.

172 **Ramond de Carbonnières, L. Fr. El.,** La Guerre d'Alsace pendant le grand Schisme d'Occident. Basle 1788, rel. Av. frontisp. gravé.

173 **Rathgeber, J.** Strassburg im 16. Jahrhdt. 1871. — Colmar u. die Schreckenszeit. 1873. — Münster im Gregorienthal. 1874. — Geschichte des Elsass. 1882. — Elsäss. Sprüchwörterschatz. 1883. (2 Ex.) — Eine Strassburger Buchdruckerfamilie. 1884. (2 Ex.)

174 **Rautenstrauch, Joh.** Strassburg nach seiner Verfassung beschrieben. Colmar 1770, cart.

175 **Reboul-Deneyrol, L. J.** Paupérisme et Bienfaisance dans le Bas-Rhin. Strasb. 1858, br.

176 **Recueil de Pièces authentiques** servant à l'histoire de la Révolution à Strasbourg. 2 vol. Strasb., an II, cart. (Livre bleu).

177 — Même ouvrage. 2 vol. br.

178 **Recueil des Edits,** Déclarations, Lettres patentes . . . du Conseil souverain d'Alsace. Av. des observations p. M. **de Boug.** 2 vol. In-fol., 1775, rel.

179 **Réformation.** — 1 lot de 10 brochures diverses, par **J. J. Beck, Ehr. Stoeber, etc.**

180 **Reiner.** Considérations générales sur les . . . Bains de Niederbronn. Strasb. 1826, br.

181 **Relation des Fêtes** de 1806 données par la ville de Strasbourg à leurs Majestés imp. et royales. Av. 5 pl. de **B. Zix** grav. par **C. Guérin.** In-fol. 1806, br. (4 ex.)

182 **République de 1848** et autres brochures (Elections, Circulaire Lamartine, Affaire Fanjat-Eissen etc.).

183 **Résumé de l'Histoire** de Lorraine, d'Alsace et de la Franche-Comté. 3 vol. in-24. Paris 1825, br.

184 **Reuss, Ed.** Reden an Theologie Studierende. 1878. Geb. — Onzième et Douzième Concours triennal de la Fondation Schmutz. 1863 et 1867.

185 **Reuss, Rod.** — 1 lot de 15 ouvrages divers: Chronique strasb. de J. J. Meyer. 1873. — 2 Lieder über d. Diebskrieg. 1874. — Grand Tir strasb. 1876. — Le Marquis de Pezay. 1876. — Zur Gesch. d. Grossen Strassb. Freischiessens. 1876. — Soldat Moine et Maître de Danse. 1878. — Beschreibung d. bischöfl. Krieges 1878. — Tribulations d'un maître d'Ecole 1879. — Pierre Brully. 1879. — Séligmann Alexandre. 1880. — Strassb. Chronik 1657—1710 (Reisseissen). 2 Bde. 1877—1880. — Colloques scolaires du Gymnase prot. 1881. — Vieux Noms et Rues nouvelles. 1883. — A. Schillinger. 1883. — Gesch. des Neuhofes 1884. — Alles broch.

186 — et **J. Sée.** Les Chroniques d'Alsace. T. II, V et VI. Colmar 1873—78. 3 vol. in-8°, br.

187 **Révolution française.** — 1 lot de 12 brochures et feuilles volantes in-8°.

188 **Revue d'Alsace,** 1re et 2e séries. 1834—1837, en livr.

189 — 1re et 2e séries, en 6 vol. rel.

190 — Années 1871 à 1885. 15 vol. en livr.

191 **Ring, Max. von.** Malerische Ansichten der Ritterburgen Deutschlands: Das Grossherzogtum Baden. Mit 55 lith. Tfln. In-fol. Strasb. 1829, geb.

192 — Mémoire sur les Etablissements romains du Rhin et du Danube. 2 tomes en 1 vol. rel. Strasb. 1852—1853.

193 — Tombes celtiques de l'Alsace. Strasb. 1861, in-fol., non relié, av. 14 planches col.

194 **Risler, D.** Histoire de l'Industrie dans la vallée de Lièpvre. Ste. Marie a. M. 1851. Av. 1 pl. — Histoire de la Vallée de Ste. Marie a. M. 1873. Av. portrait. — Les 2 ouvrages br.

195 **Ristelhuber, Paul.** — 1 lot de 4 ouvrages br.: Paul de Lacour, Bouquet de Lieder. 1856. — L'Alsace à Morat. 1876. — Bibliographie Alsac. 1872 et 1873.

196 **Rocholl, Dr. H.** Der Grosse Kurfürst v. Brandenburg im Elsass. 1674—1675. Strassb. 1877, br.

197 (**Rohan, Louis René Edouard de**). — **Affaire du Collier.** — 22 Mémoires, Réponses, Arrêts, etc. in-4°, relatifs à cette affaire. Av. **20 portr. gravées à la manière noire.** 1786. rel.

198 — 15 Mémoires, Réponses, Arrêts, etc.. in-18, relatifs à cette affaire. Edit. sans gravures. 1786, rel.

199 **Roehrich, T. W.** Geschichte d. Reformation im Elsass. 3 Tle. in 2 Bde. geb. Mit 3 Portr. Strasb. 1830—32. (Sehr selten).

200 **Rothmüller, J.** Musée pittor. et hist. de l'Alsace. Av. 72 pl. Colmar 1858—1863, in-fol., en livraisons.

201 **Rugendas, Maur.** Voyage pittoresque dans le Brésil. Trad. de l'allemand par Mr. **de Golbéry.** Av. 100 pl. lith. par Engelmann et Cte. In-fol. Mulh. 1825, rel.

202 **Ruinart, Dom.** Voyage litt. en Alsace, au 17e siècle. Strasb. 1826, br.

203 **Rumpler.** Actes d'un bon Apôtre, méchamment calomnié. Av. portrait. Strasb. (1793), cart.

204 — Histoire véritable de la vie errante et de la mort subite d'un chanoine qui vit encore. Av. 2 grav. 1784, cart.

205 **Sainte-Odile.** — **Albrecht, D.** History von Hohenburg, od. St. Odilienberg. Mit 6 Kupfern. Schletstatt 1751, in-4°, geb.

206 — **Levrault, L.** Sainte Odile et le Heidenmauer. Av. 1 plan. Colmar 1855, br. (2 ex.)

207 **Sainte-Odile.** — **Pfeffinger, Joh.** Hohenburg od. der Odilien-Berg. Mit 15 Plänen u. Abbildgn. Strassb. 1812, cart.

208 — **Silbermann, J. A.,** Beschreibung v. Hohenburg od. dem St. Odilienberg. Mit 20 Kupfern von Weiss. Strassb. 1781, geb. (2 Ex.)

209 — — Neue Aufl. besorgt v. **A. W. Strobel.** Strasb. 1835, br. Mit Atlas in-fol. obl.

210 — 10 ouvrages et brochures: **Castagny, Marg. de.** Le Couvent de Ste. Odile dans les Vosges. 1864. — **Delcasso.** Ste. Odile, légende alsac. 1858. (2 ex.). — **Gyss, J.** Der Odilienberg. 1874. — **Pélerinage au tombeau** de Ste. Odile. 1858. — **Reinhard, A.** Le Mont Sainte-Odile. 1888. — **Rey, L.** Notice hist. sur la Montagne de Ste. Odile. 1834. — **Schir, N.** Le Guide du Pélerin à Ste. Odile. 1856. — **(Schir, N.).** La Montagne de Sainte-Odile. Album. 1859. — **Schweighaeusser, J. G.** Plan topogr. du Mur payen, et Explication. 1825. — **Silbermann-Strobel.** Atlas z. Beschreibung v. Hohenburg. 1835.

211 **Salomon, E.** Notice sur l'ancien Temple-Neuf et l'anc. Gymnase. 1876. Av. 2 pl. — Notice sur une anc. Maison de Strasb. 1877. Av. 1 pl. lith. — Un Coin du Vieux. Strasb. 1881. Av. 1 pl. lith. — En tout, 3 broch.

212 **Schaeffer, Ad.** Roses et Epines. 1878. — Au Déclin de la Vie. 1883. — Petit Livre pour tous, ou de l'Art de bien vivre et de bien mourir. 1885. — Ensemble 3 broch.

213 **(Schaller, G. J.)** Die Stuziade od. der Perükenkrieg. 3 Bde. Strassb. 1802—1808. Mit Portr. u. 2 Titelkupfer. Cart. (Schönes Expl.) — Dublette des 1. u. 2. Bandes. Cart. — Ode à Bonaparte, Premier Consul. Strasb. 1800. Texte franç. et allem. Br.

214 **Schauenburg (Baron de).** Le Château de Jungholtz. 1861. Av. pl. photogr. — La Peinture sur verre. 1865. — Ensemble 2 brochures.

215 **Scherzius, Joh. Georg.** Glossarium germanicum medii aevi. Edid. **J. J. Oberlin.** 2 vol. In-fol. Argentor. 1781—84, rel.

216 **Schmid.** Geschichte des Bisthums Strassburg. Gotha 1858, br.

217 **Schmidt, Ch.** Notice hist. sur l'Horloge astron. 1842. (3 ex.). — La Vie et les Travaux de Jean Sturm. 1855. — Nicolaus von Basel. 1875. — Zur Geschichte d. ältesten Bibliotheken. 1882. — Ensemble 4 ouvrages.

218 **Schmoller, Gust.** Strassburg zur Zeit der Zunftkämpfe. Strassb. 1875, br.

219 — Die Strassb. Tucher- u. Weberzunft. Strassb. 1879, in-4°, br.

220 **Schneegans, A.** Pro domo, franz. 1878. — Dasselbe, deutsch. — Lettre de M. Maurice Engelhard à M. Schnéegans. — Ensemble 3 pièces.

221 **Schneegans, L.** L'Eglise de Saint-Thomas à Strasbourg. Orné de 5 pl. Strasb. 1842, br.

222 **Schneider, Jac.** Beiträge z. Gesch. des römischen Befestigungswesens auf d. linken Rheinseite. Trier 1844. br. Mit topogr. Plane der Hohenburg u. der Heidenmauer.

223 **Schoepflin, J. D.** Vindiciae Celticae. Argentor. 1754, in-4°, geb.

224 — Commentationes historicae et criticae. Basileae 1741, in-4°, geb. Mit 3 Kupfertafeln.

225 **(Schrag, Fr.)** Libertas Argentoratensium stylo Rysvicensi non expuncta. 1707. Kl. 4°, Pergamentbd.

226 **Schuler, Carl.** Die Heiligen Schriften des Neuen Testaments in 100 Bibl. Kupfern dargestellt. Freiburg, geb.

227 **Schuré, Ed.** L'Alsace et les Prétentions prussiennes. Genève 1871, br.

228 **Schuster, H.** Skizze zum Vollendungsbau des Münsters in Strassburg. Mit 2 Lichtdrucken. Strassb. 1880, gr.-4°, br.

229 **Schweighaeuser, J. G.** Enumération des Monumens les plus remarquables du Bas-Rhin. Strasb. 1842, br. (2 ex.)

230 — **Manuscrit:** Commendae ordinis Presbyterorum Sancti-Joannis Baptistae Hierosolymitani Argentinae . . . . kl. 4°, 1769, geb.

231 **Schwilgué, Ch.** Notice sur la Vie . . . de J. B. Schwilgué. Strasb. 1857, br. Av. portr.

232 **Seinguerlet, Eug.** Propos de table du Comte de Bismarck pendant la Campagne de France. 1879, br.

233 **Sermons divers.** — Un lot de 11 brochures, par Blessig, Boeckel, Boissard, Coquerel fils, J. Henry, F. Lichtenberger, J. F. Stahl et Fr. H. Vierling.

234 **Siebecker, Ed.** L'Alsace. Récits hist. d'un Patriote, ill. par F. Lix. Paris 1873, gr. in-8°, br.

235 **Silbermann, G.** La Chasse aux Coléoptères. Strasb. 1833, br.

236 — Souvenirs d'une Excursion dans le Nord de l'Italie. Strasb. 1860, br. (3 ex.)

237 **Silbermann, J. A.** Local-Geschichte der Stadt Strassburg. Mit 16 Tafeln v. **Weis.** Strassb. 1775, in-fol., geb. (Schönes Expl.)

238 **Sitzmann, Fr. J. Ed.** Aperçu sur l'Histoire pol. et rel. de l'Alsace. Belfort 1878, br.

239 **Spach, L.** Inventaire-sommaire des Archives départementales du Bas-Rhin. T. I (en 2 vol.), T. II 1 et T. III 1. 4 vol. gr. in-4°. Strasb. 1863—1868, br.

240 — Un lot de 17 ouvrages et brochures divers.

241 — Un lot de 13 ouvrages divers.

242 **Spielmann, J. R.** Anleitung z. Kenntniss der Arzneymittel. Strassb. 1775, geb.

243 — Dasselbe, neue Ausg. 1785, geb. Mit Schattenbild.

244 **Staehling, Ch.** La Mission suisse à Strasbourg, pendant le Bombardement de 1870. Strasb. 1874, br. Av. 2 photogr.

245 **Stoeber, Aug.** Erwinia. I. Jahrg. cplt., II. Jahrg. ohne die Nrn. 3—5, 14, 15 u. 17. Strassb. 1838—39, in-4°, in Nummern.

246 — Elsässisches Sagenbuch. Strassb. 1842, geb. Mit Atlas in-4°.

247 — Dasselbe in Lieferungen. (H. 8 fehlt). Mit Atlas.

248 — Elsäss. Volksbüchlein. Strassb. 1842, br.

249 — Los von 7 versch. Werken: Alsa-Bilder. 1836. — Erzählungen. 1873. — Curiosités de Voyages en Alsace, 1874. — Aus alten Zeiten. 1872. — Els. Neujahrsblätter, 1843, 1844, 1846. — Alles broch.

250 **Stoeber, Ehr.** — Los von 5 versch. Werken: Steinthäler Gedichte. 1830. — Eduard. Aus d. Franz. 1825. — Sämmtl. Gedichte. 3 Bde. 1835—36. — Strassb. Jubelfeier d. Reformation. 1817. — Alsa. 5 Lfgn. 1817.

251 — Los von 8 versch. Werken: Lyr. Gedichte. 1811. — Liederkranz f. Kinder. 1827. — Gedichte. 1821. — Sammlung auserlesener Stücke aus d. schönen Literatur der Deutschen. II. 1827. — Dubletten von 1, 4 u. 5 der vorhergehenden Nummer.

252 — Steinthäler Gedichte. 1830. (2 Ex.)

253 **Storch, Heinrich.** Skizzen, Szenen u. Bemerkungen, auf einer Reise durch Frankreich gesammelt. Heidelberg 1787, geb.

254 **Strasbourg,** ses Monumens et ses Curiosités. Strasb. 1831, in-24, br. Av. 5 lith.

255 **Strasbourg. — Affaires de St. Thomas.** Une liasse de 20 brochures.

256 — — Une liasse, doubles du No. précédent.

257 — **Siège de 1814.** 3 brochures: Das blockirte Strassburg. (2 Ex.) — **Heitz, F. C.** Strasb. pendant ses 2 blocus. 1861. — **Schauenburg, W. B. von.** Parallele zwischen der vor- u. diessjähr. Blokade Strassburgs. 1815.

258 — **Siège de 1870.** — Une liasse de 13 vol. in-8°. Ouvrages de **G. Fischbach, J. Flach, Lereboullet, de Malartic, M. Reichard, A. Schnéegans, Signouret, Uhrich** et **Zopf.** — Ferner Affiche u. diverse kleinere Drucksachen die Militär-Einquartierung betr. — Verzeichniss d. flüchtigen Strassburger I. — Compte rendu du Restaurant populaire.

259 — **Universität, Schulen u. Bibliotheken.** — 1 Los von 17 diversen Schriften von **Dr. P. Albrecht, Dr. Hoppe-Seyler, Chr. G. Hottinger, R. Reuss, G. Schmoller** u. Andern. Alles broch.

260 —**Universität.** — Einweihungsfeier am 1. Mai 1872: Festschriften, Einladungen, Programme, usw., in einer Leinwandmappe vereinigt.

261 **Straub, A.** Les Villages disparus en Alsace. Strasb. 1887, br.

262 **Strobel, A. W.** Vaterländ. Geschichte des Elsasses. 6 Bde. Strassb. 1841—49, geb. (Etwas stockfleckig).

263 — Dasselbe, schönes Expl., geb.

264 — Beiträge zur deut. Literatur u. Literärgeschichte. Strasb. 1827, cart.

265 **Tabakbau u. Tabakfrage.** — Développemens de l'Amendement de M. Humann relatif au monopole des Tabacs. 1822. — Schattenmann, Denkschrift. 1862. — Pétition des anc. Fabricants de Tabac de l'Alsace. 1858. (7 ex.)

266 **Taschenbuch f. Kinder** u. junge Leute. II. u. III. Tl., geb. Strassb., o. J., in-24.

267 **Thiriat, Xavier.** Journal d'un Solitaire et Voyage à la Schlucht. Paris 1883, br.

268 **Thüring (le Général).** Mémoire justific. adressé au Premier Consul Bonaparte. An IX. Av. portr. gravé sur titre et 1 carte.

269 **Traits caractéristiques** et Anecdotes de la vie de Frédéric II, roi de Prusse. Strasb. 1788, cart.

270 **Tschamser.** Kleine Thanner-Chronik. Mülh. 1855, br.

271 **Vanhüffel.** Documents inédits concernant l'Histoire de France, et particulièrement l'Alsace. . . Paris 1840, br.

272 **Varia.** — 3 Sammelbände, zum grössten Teile Fest- u. Leichenreden enthaltend. Geb.

273 **Veilleur de Nuit (Le).** Album d'Alsace et de Lorraine. 1857. Strasb., in-4°, br. (4 ex.)

274 **Versuche (Moralische mit Scherz untermischte).** Ein kleines Geschenk f. meine Freunde. Strassb. 1774, in-18, cart. Mit kleinem Titelkupfer v. **Heimlich.**

275 **Vogel, J.** et **Eug. Laville.** Esquisses physiol. de la Ville de Strasbourg. 30 pl. lith. cplt. Strasb. 1851, non rel.

276 **Voulot, F.** A B C d'une Science nouvelle. Les Vosges avant l'histoire. Mulh. 1872, in-fol., en livr. Av. 80 planches.

277 **Wagner, Joh. Jac.** Mercurius Helveticus. Zürich 1688, in-24, cart. Mit vielen Kupfern, worunter auch Ansicht v. Mülhausen i. E.

278 **Walter.** Vues pitt. de l'Alsace, av. texte hist. par M. **l'abbé Grandidier.** Strasb. 1785, in-fol. en 6 livr. Av. 12 pl. col. (Bel expl.)

279 **Weis, J. M.** Représentation des Fêtes données par la ville de Strasbourg. Av. 12 pl. gravées. Gr. in-fol. 1744. rel. (Bel exempl.)

280 — Même ouvrage, moins bien conservé. Gr. in-fol. 1744, rel.

281 **Weissandt, Ed.** Souvenir . . . de l'Incendie du 29. 6. 1860 . . . du Gymnase protest. à Strasbourg. Strasb. 1860, in-fol., non rel. 9 planches lith.

282 **Woog, Fr. Ignat.** Elsässische Schaubühne od. histor. Beschreibung der Landgrafschaft Elsass. Mit Beilagen. Strassb. 1784, in-18, cart. (2 Exempl.)

283 **Wurstisen, Christ.** Bassler Chronick / Darin alles / was sich in Oberen Teutschen Landen / . . . bis 1580. Jar / gedenkwirdigs zugetragen . . . . Mit kleineren Holzschnitten, meist Wappen. In-fol. Basel 1580, geb.

284 **Wympfflinger, Jacob, von Slettstatt.** Tutschland. Zu Ere d. Statt Strassburg vnd des Rinstroms. Jetzo nach 147 Jahren zum Truck gegeben durch **Hans Michel Moscherosch.** Strassb. 1648, kl. 4°, cart.

285 **Zix, Benj.** — 1 Los Diverses, darunter H. 1 der „Mahlerischen Ansichten des ehemal. Elsasses". Mit 4 Ansichten. Alles in Ledermappe.

286 **Zunft-Büchlein:** Zum Spiegel, pro anno 1768—71, 1773, 74, 77—86, — Zur Môrin 1786 u. 87. — Zunft der Tucher 1786. — Zunft z. Anker. 1787. — Zusammen 20 Bdchn.

2. Almanachs divers.

287 **Almanach der Bellettristen u. Bellettristinnen,** f. d. J. 1782. Mit 1 Titelkupfer. Cart.

288 **Almanach de la Cour,** de la Ville et des Départements. Années 1807, 1808, 1811, 1822, 1827 et 1828. 6 vol. ornés de jolies gravures. In-32, br. et rel.

289 **Almanach dédié aux Dames** pour l'an 1808. Av. grav. In-24, rel.

290 **Almanach des Dames.** 1810 et 1813. 2 vol. ornés de jolies gravures. In-24, rel.

291 **Almanach (Petit) des Dames.** 7e année. 1817. Av. grav. In-24, rel.

292 **Almanach Dramatischer Spiele** zur geselligen Unterhaltung auf dem Lande. Begr. v. Aug. von Kotzebue. Jahrg. 1827—1832. 6 Bde. Mit color. Kupferbildern. In-24, cart.

293 **Almanach des Modes.** 1re année. 1814. Av. gravures col. In-24, rel.

294 **Almanach des Spectacles.** T. III. Av. 2 eaux-fortes. 1877, br.

295 **Almanach des Spectacles,** par K. Y. Z. 6e année. Av. gravures col. In-32, cart.

296 **Alpenrosen,** ein Schweizer-Taschenbuch. Jahrg. 1825 u. 1830. 2 Bde. Mit Kupfern geziert. In-24, cart.

297 **Becker's (W. G.) Taschenbuch zum geselligen Vergnügen.** Herausg. v. F. Kind. Jahrg. 1818, 1819, 1821, 1822, 1824—1827. 8 Bde. Mit viel. Kupfern. In-24, cart.

298 **British Wreath (The).** A literary Album . . . for 1829. Av. gravures. In-24, cart.

299 **Cäcilia.** Ein Taschenbuch f. Freunde der Tonkunst. Hrsg. v. Lyser. I. Jahrg. 1833. Mit 8 Zeichnungen u. 4 Musikbeilagen. In-18, cart.

300 **Carnevals-Almanach** auf d. J. 1830. Hrsg. v. S. W. Schiessler. I. Jhrg. Mit col. Kupfern, nebst Tanz- u. Musikbeilagen. In-24, cart.

301 **Cornelia.** Taschenbuch für Deutsche Frauen. Herausg. v. A. Schreiber. Jhrg. 1822—1827, 1830 u. 1831. 8 Bde. Mit Kupferbildern. In-24, cart.

302 **Frauentaschenbuch** f. das Jahr 1815—1826. Jhrg. 1—12. 12 Bde. Mit zahlreichen Kupferstichen. In-18, cart.

303 **Hertha.** Almanach für 1836. Hrsg. v. Chr. Kapp. Mit 1 Titelkupfer u. 1 Karte. In-12, cart.

304 **Hofkalender, Grossherz. Hessischer,** f. d. J. 1810, 1819 u. 1822. 3 Bde. Mit vielen Kupfertafeln. In-24, cart.

305 **Hortensia, ein Taschenbuch f. Damen** auf das J. 1811. Herausg. v. A. Kuhn. Mit Kupfern. In-24, cart.

306 **Komus.** 2. Gabe. Ein Taschenbuch her. v. Th. Hell. Mit Kupfern nach Rambergischen Zeichnungen. In-24, cart.

307 **Kronos, genealog.hist. Taschenbuch** auf d. J. 1816. Mit Kupfern. In-32, cart.

308 **Minerva.** Taschenbuch f. d. J. 1809. (1. Jhrg.) — 1824, 1826, 1827 u. 1829. 19 Bde. mit vielen Kupfern. In-12, cart.

309 **Orphea.** Taschenbuch f. 1824—1826. 1.—3. Jhrg. 3 Bde. mit 24 Kupfern. In-24, cart.

310 **Penelope.** Taschenbuch f. d. J. 1835. 24. Jhrg. Mit 8 Stahl- u. Kupferstichen. In-24, cart.

311 **Pooles Royal Sovereign.** A new years gift. 1826. Av. grav. In-24, rel.

312 **Quatre Ages (Les) de la Nature.** Suivis de „Le Souvenir des Dames". 1814. Av. grav. p. Seb. Le Roy. In-32, cart.

313 **Reformations-Almanach** f. Luthers Verehrer auf d. J. 1817, 1819 u. 1821. 1.—3. Jhrg. 3 Bde. mit vielen Portr. in Kupferstich. In-18, cart.

314 **Revolutions-Almanach** v. 1793, 1795, 1796, 1797. (2 Ex.) 1799, 1800, 1801 (2 Ex.) u. 1802 (2 Ex.) Zusammen 11 Bde. mit zahlr. Kupferstichen. In-24, cart.

315 **Souvenir (Le) des Ménéstrels.** Dédié aux amateurs. Av. gravures et musique. In-24, rel.

316 **Taschenbuch** f. 1804. Meander u. Glycerion v. C. M. Wieland. Mit 5 Kupfern. In-32, cart.

317 **Taschenbuch** f. d. J. 1818, 1825 u. 1827. Der Liebe u. Freundschaft gewidmet. Hrsg. v. St. Schütze. 3 Bde. mit vielen Kupfern. In-24, cart.

318 **Taschenbuch f. Damen.** Auf d. J. 1828—1831. 4 Bde. mit vielen engl. Stahlstichen. In-24, cart.

319 **Taschenbuch zum geselligen Vergnügen** auf d. J. 1821—1826. 6 Bde. In-24, cart.

320 **Taschenbuch, Gothaisches genealogisches,** auf d. J. 1828 u. 1829. 65. u. 66. Jhrg. 2 Bde. mit Porträts in Kupferstich. In-32, cart.

321 **Taschenbuch, Historisch-Romantisches,** des Abentheuerlichen, Ausserordentlichen . . . in den Schicksalen . . . berühmter Personen. Für d. J. 1834. Mit Titelkupfer. In-18, cart.

322 **Taschenbuch, Musikal.** auf d. J. 1805. Mit Music. 2. Jhrg. In-24, cart.

323 **Taschenbuch f. d. neuste Geschichte.** Hrsg. v. E. L. Posselt. 1795. (2. Jhrg.), 1796, 1798—1803. 8 Bde mit vielen Kupferstichen. In-24, cart.

324 **Taschenbuch, Politisches,** f. d. J. 1830 u. 1831. 1. u. 2. Jhrg. 2 Bde. Nicht illustr. In-18, cart.

325 **Taschenbuch d. Reisen** od. unterhaltende Darstellung d. Entdeckungen d. 18. Jhrh. 9. Jhrg. 1810. Mit vielen Kupferst. In-24, cart.

326 **Taschenbuch, Rheinisches,** f. d. J. 1811, 1812, 1813, 1817, 1818, 1820, 1821, 1823, 1824 u. 1825. — Kupferstiche nebst Erklärung v. Jhrg. 1814 u. 1816. 12 Bde. reich illustr. In-12, cart.

327 **Taschenbuch, Ueberflüssiges,** f. d. J. 1800, hrsg. v. J. G. Jacobi. Mit etlichen Kupferstichen. In-18, cart.

328 **Taschenbuch, Wiener,** f. 1803. Mit vielen Kupfern. In-18, Lederband.

329 **Urania.** Taschenbuch f. Damen auf d. J. 1815, 1817—1824, 1827 u. 1828. 11 Bde. Mit vielen Kupfern. In-18, cart.

330 **Vergiss mein nicht.** Taschenbuch f. d. J. 1830—1833. Hrsg. v. C. Spindler. 4 Bde. Mit Stahlstichen. In-18, cart.

3. Beaux-Arts. — Musique. — Art héraldique.

331 **Album** mit inliegenden Orig.-Zeichn. u. -Oelmalereien. Quer-fol., geb.

332 **Album** av. 35 pl. lith., en partie coloriées: Sujets de moeurs et Caricatures, de 1830 environ. In-fol., rel.

333 **Album** av. 37 pl. lith. color., dont 4 par **Devilly** et **Poupart,** 7 par **Eug. Lami,** 12 par **E. Wattier,** 6 par **Bouchot,** 5 par **A. de Valmont** et 3 pl. de costumes milit. In-fol. obl., rel.

334 **Albums (Deux)** av. 74 pl. lith.: Sujets milit. et autres, croquis etc., des années 1828 à 1830, par **H. Bellangé, V. Adam, Raffet, Charlot, et autres.** In-fol. obl., cart.

335 **Balzac, H. de.** Les Contes drolatiques. Av. 425 dessins par **Gustave Doré.** Paris s. d., rel.

336 — Petites Misères de la Vie conjugale. Illustrées par **Bertall.** Paris, s. d., cart.

337 **Bérenger, P. J. de.** Chansons. 5 vol. Av. gr. nombre de gravures en taille-douce. — Plus 3 vol. suppl. de musique et de gravures. Rel.

338 **Berquin.** Romances. 2 vol. av. 34 grav. sur cuivre, pour la plupart par Marillier. In-18, 1796, cart. (Bel ouvrage).

339 **(Bertuch).** Neues Bilderbuch f. Kinder u. junge Leute. 2 Bde. u. 2 Atlanten mit 100 Kupfertafeln. In-8" u. in-4", geb.

340 **Bibliothèque des Souvenirs,** ou Anecdotes curieuses et faits historiques, publ. depuis le 31 mars 1814. Paris 1814, cart.

341 **(Chodowiecki, D.)** Das Leben u. die Meinungen des Herrn Magister Sebaldus Nothanker. Mit **8 Kupfern v. D. Chodowiecki.** 3 Tle. in 2 Bdn. cart. Berlin 1774—76.

342 — Kupfersammlung zu **J. B. Basedows** Elementarwerke f. die Jugend u. ihre Freunde. 1 Atlas in Querformat mit 100 Tafeln. (Berlin 1774) u. 1 Textband. (Leipz. 1782). Geb.

343 **Daumier, H.** Les Cent et Un Robert-Macaire. Av. 50 pl. lith. In-4", 1839, cart.

344 **Devéria et Boulanger.** Souvenirs du Théâtre anglais à Paris. Texte p. **M. Moreau.** Planches col. et en noir. In-fol., 1827, rel.

345 **Diable (Le) à Paris.** Paris et les Parisiens. — Les Français. Moeurs contemporaines. Av. vignettes dans le texte par **Bertall, Pauquet, et autres.** 2 vol., cart.

346 **Doré, Gustave.** Aventures du Baron de Münchhausen. Trad. p. **Th. Gautier fils.** Illustr. de G. D. In-4", cart.

347 **Draner** et **A. Huart.** La Nouvelle Vie militaire. Texte et illustr. Gr. in-8", rel.

348 **Flaxman, J.** Oeuvre. Recueil de ses compositions gravées par **Réveil.** (Scènes mythologiques). 3 vol. Gr. in-8" obl., 1833—36, rel.

349 **Giampiccoli, Seb.**, Canaletto, et autres. 42 Vues d'Italie. Gravures sur cuivre. In-fol. obl., 1776. 1 vol. cart.

350 **Grandville.** Un autre Monde. Transformations, visions, incarnations, ... Nombreuses grav. dans le texte et planches hors texte. In-4°, 1844, rel.

351 — Les Fleurs animées. Texte par **Delord.** 2 vol., av. grav. color. Paris 1847, cart.

352 — Les Métamorphoses du Jour. Av. planches color. Nouv. édit. augmentée de nombr. culs-de-lampe, têtes de pages, etc. 1869, rel.

353 **Grétry.** Mémoires, ou Essais sur la Musique. 3 vol. An V, rel.

354 **Helman.** Abrégé hist. des principaux traits de la vie de Confucius. Orné de 24 estampes d'après les dessins orig. de la Chine. In-4°, 1782, cart.

355 **Heptaméron français.** 3 vol. Av. grand nombre de planches et de grav. dans le texte sur cuivre. 1780—81, rel. (Superbe ouvrage).

356 **Herrliberger, David.** Heilige Ceremonien, Gottes- u. Götzen-Dienste aller Völcker der Welt . . . Nach des berühmten Picarts Erfindung in Kupfer gestochen. Mit d. Portr. Picarts u. vielen Kupfertafeln. 2 Bde. In-fol. Zürich 1748, geb.

357 **Hostein, Ed.** Les Rives de la Meuse. 20 pl. dessinées d'après nature et lithogr. (Pl. 9 manque). In-fol. obl., vers 1830, br.

358 **Jarwart, S. H.** Umrisse zu Uhlands Balladen u. Romanzen. 10 Tafeln nebst Umrissen. Kl. fol., 1837, cart.

359 **Kalkbrenner.** Histoire de la Musique. 2 tomes en 1 vol. 1802, cart.

360 **Kastner,** Manuel générale de Musique militaire. 1848, br.

361 — Les Danses des Morts. 1852, br.

362 — Les Chants de la Vie. 1854, br.

363 — Les Chants de l'Armée franç. 1855, br.

364 — La Harpe d'Eole. 1856, br.

365 — Les Voix de Paris. 1857, br.

366 **La Fontaine, J.** Fables choisies, mises en vers. 4 vol. av. superbes planches gravées à l'eau-forte par **C. N. Cochin le fils.** In-fol. Paris 1755—59, rel.

367 — Contes et Nouvelles en vers. 2 vol. av. planches gravées à l'eau-forte par **H. Fragonard.** In-4°. Paris 1795, rel.

368 — Oeuvres complettes. 6 vol. Belle édit. av. gravures par **J. M. Moreau.** 1814, rel.

369 **Lavater, Joh. Caspar.** Physiognomische Fragmente zur Beförderung der Menschenkenntniss u. Menschenliebe. 8 Bde. Mit vielen Kupfern v. **J. H. Lips, D. Chodowiecki u. andern.** Gr. 4°. Leipzig 1775—78, geb.

370 — Die Welt im Kleinen, oder die Ausführung Christi grösstenteils **nach Chodowiecki's grav. Umrissen.** 50 Tafeln. In-4°, 1789.

371 — Lord Chatam, oder Pitts Büste. Commentiert von J. C. L. für Freund Pasquay, 4. April 1789. **Manuscript.** Mit 3 Tafeln. In-fol., cart.

372 — Vermischte Physiognomische Regeln. **Manuscript** f. Freunde mit einigen characterischen Linien. 100 Blätter in-8°, in 2 Schachteln in Ledereinband. (Tafel 49—50 fehlt). 1789.

373 **Leben Napoleons (Das)** dargestellt in (145) lithogr. Bildern nach d. vorzügl. Original-Gemälden der Französ. Schule. Mit erläuterndem Texte. 2 Bde. In-4°. Frankfurt a. M. 1830, cart.

374 **Le Gras, A.** Album des Pavillons, Guidons, Flammes de toutes les puissances maritimes. 64 planches chromolith. av. légende. In-4°, 1858, rel. orig. chagr., fers spéc.

375 — Même ouvrage. En feuilles.

376 **Lettres d'Abailard et d'Héloïse.** Trad. sur les manuscrits, av. Essai hist. par Mr et Mme **Guizot.** Edit. ill. par **J. Gigoux.** 1839, rel.

377 **Musée Dantan.** (Caricatures en manière noire). 1838, rel.

378 **Nissle, Jul.** 27 Umrisse zu Hebel's Allemannischen Gedichten. Mit erklär. Einleitung. Quer-fol., o. J., cart.

379 **Oulibischeff.** Beethoven, ses critiques et ses glossateurs. 1857, br.

380 **Paysages.** Album de 56 vues lith., pour la plupart de France. In-fol. obl., rel.

381 **Pocci, Franz.** Geschichten u. Lieder. Mit Bildern. II. Bd. 1843, cart.

382 **Rabelais, François.** Oeuvres. Nouv. édit. par **Le Duchat,** ornée de figures de **B. Picart,** etc. In-4°, 1741, rel.

383 **Raffet et Sheffer.** Vingt Vignettes pour l'Histoire de la Révolution franç. Gravées sur acier d'après les compositions de MM. Sheffer et Raffet. In-4°, dans un carton.

384 **Retzsch, Moritz.** Umrisse zu Schiller's Fridolin. In 8 Blättern mit Text. In-4°, 1823, cart.

385 — Umrisse zu Schiller's Kampf mit dem Drachen. 16 Tafeln, mit Text. Qu. fol., 1825, cart.

386 — Umrisse zu Schiller's Lied von der Glocke. 43 Tafeln mit Andeutungen. In-4°, 1833, br.

387 — Umrisse zu Schiller's Pegasus im Joche. 12 Tafeln mit Andeutungen. Qu. fol., 1833, cart.

388 — Umrisse zu Goethe's Faust. 40 Tafeln mit Andeutungen. Qu.-fol., 1836, cart.

389 **Rêve (Le),** ou Les effets du Romantisme. Poëme en six chants. Orné de Croquis composés et lithogr. par **Thomas.** 6 planches. In-fol. obl., 1829, br.

390 **Réveil.** L'Empereur Napoléon. Tableaux et Récits des batailles, combats . . . 90 gravures d'après les Peintures du Musée de Versailles. Paris 1837, br.

391 **Revue (la) des Peintres.** 70 pl. lith. In-4°, 1834, rel.

392 **Rockschössels (General) Erinnerungen.** Heitere Bilder aus d. Soldatenleben. In-4°. München, geb.

393 **Royer, A.** Histoire de l'Opéra. Av. 12 eaux-fortes. 1875, br.

394 **Sacre de Louis XV.** . . dans l'Eglise de Reims, le 25 Oct. 1722. Av. grandes planches gravées. Gr. in-fol., 1722, rel.

395 **Saint-Non.** Voyages à Naples et en Sicile. 2 fort vol. de planches gravées. In-fol., rel.

396 **Sammelband** mit eingeklebten Ansichten, Plänen, usw., in Kupferstich, sämtlich älteren Datums. In-fol., cart.

397 **Sperontes.** Singende Muse an der Pleisse in 2 mahl 50 Oden. Mit schönem Kupfertitel. Leipzig 1741, cart.

398 **Steinmann, J.** Souvenirs de Rio de Janeiro. 12 planches col., dessinées d'après nature. In-fol. obl., 1836, br.

399 **Swanevelt, H. von.** Verscheyde Aerdige Lantschappen. 12 pl. gravées. — **Weyen, Hermann.** 9 vue grav., sans titre. — **Landry, P.** 4 vues gravées, sans marges, remontées. Sans titre. Pet. in-fol. obl., en 1 vol. cart.

400 **Swift.** Voyages de Gulliver dans des Contrées lointaines. Edit. ill. par **Grandville.** 2 vol. 1838, rel.

401 **Toepffer.** Histoire de Monsieur Crépin. 86 pl. lith. In-8° obl., 1837, rel.

402 — Les Amours de Mr Vieux-Bois. 84 pl. lith. In-8° obl., vers 1840, rel.

403 — Histoire de Mr Jabot, en 52 pl. lith. In-8° obl. Paris s. d., cart.

404 **Trier, Joh. Wolffg.** Einleitung zu der Wappen-Kunst. Neue Aufl. v. **Chr. Joh. Feustein.** Mit vielen Kupfern. Leipzig 1744, cart.

405 **Virgile.** Oeuvres. Trad. en françois p. **l'abbé des Fontaines.** 4 vol. Ornés de figures en taille-douce. 1743, rel.

406 **Vues des Ports de France,** d'après **C. J. Vernet, Huë et autres,** dessinées et gravées par **Couché fils.** 40 vues sur 10 planches. In-4°, 1817, br.

4. Costumes militaires et autres. – Coutumes. – Moeurs.

407 **Album d'Etrennes.** 1840. 2 albums av. ensemble 25 pl. (dont 6 en double). In-4°, cart.

408 **Alphabet de l'Armée active.** 24 grav. color. In-24, 1re moitié du 19e siècle, cart.

409 **Alphabet de Scènes militaires.** (Sans titre). 24 grav. col. In-24 obl., 1re moitié du 19e siècle, cart.

410 **Alphabet de sujets militaires.** 24 pl. color. In-24, 1re moitié du 19e siècle, cart.

411 **Alphabet de la Garde Impériale.** 24 pl. color. In-24, 1re moitié du 19e siècle, cart.

412 **Alphabet et Syllabaire des Batailles de Napoléon.** 25 pl. lith. In-24 obl., 1re moitié du 19e siècle, cart.

413 **Ambert, Joachim.** Esquisses historiques . . . de l'Armée franç. Lithogr. et vignettes sur bois de **Ch. Aubry** et de **Karl Loeillot.** 2 vol. 1837, br.

414 **Armée russe.** 19 pl. lith. col. à la main. In-fol., rel.

415 **Armées anglaises.** 90 planches coloriées. In-4°. London 1828—30, rel.

416 **Armées de Mecklenbourg.** 24 pl. lith. col. à la main. In-fol., rel.

417 **Armées prussiennes.** 72 planches color. In-fol., rel.

418 **Armee-Uniformen (Preussische).** Mit Nachtrag. 144 pl., col. à la main. 1789—91, br.

419 **Art (l') de rendre les Femmes fidelles.** Ouvrage impr. à Paris en 1797, remis au jour et commenté av. des anecdotes. 2 parties rel. en 1 vol. In-18. Genève 1779.

420 **Bilderbuch (Neues militärisches)** für artige Knaben. Mit 12 col. Abbildungen. Cart.

421 **Collection des Costumes de l'Armée belge** en 1832 et 1833. 23 pl. lith. col. à la main. In-fol., rel.

422 **Collection des Uniformes des Armées franç.,** de 1791 à 1814. Dessinés par **Horace Vernet** et **Eug. Lami** (en 100 pl. color.) Gr. in-8°. 1822, rel.

423 **Ecole (l') de la Volupté.** Aeneidum genitrix. Hominûm divûmque voluptas etc. Cologne 1747, rel. Titre gravé.

424 **Hauptmanns (des alten) Erzählungen** vom Kriegs- u. Soldatenwesen. Ein Lesebuch f. Knaben. Mit 6 col. Uniformtafeln u. 3 weiteren Beilagen. Cart.

425 **Jouy, E. et A. Jay.** Les Hermites en Liberté. 2 vol. Ornés de 2 grav. et de 18 vignettes. 1824, rel.

426 **Lattré.** Exercice de l'Infanterie françoise. Av. 53 pl. gravées. In-8°, 1766, br.

427 **Maskenanzüge zu Polter-Abenden u. Bällen.** 24 col. Tafeln. Berlin 1831, cart.

428 **Militair Puppe (Die).** Ausgeschnittene Figur mit 6 verschiedenen Uniformen. Cart.

429 **Moreau le jeune.** Monument du Costume phys. et moral de la fin du 18e siècle. Orné de 26 pl. dessinées par Moreau le jeune et par d'autres artistes. Gr. in-fol. Neuwied, 1789.

430 **Recréations (Les) des Capucins,** ou Description hist. de la vie que mènent les Capucins pendant leurs récréations. La Haye 1744, in-32, rel.

431 **Réglement sur l'Uniforme** des Généraux et des Officiers divers. Av. 13 grandes planches gravées. 1803, cart.

432 **Saint-Hilaire, Emile Marco de.** Histoire . . . de la Garde impériale. Illustrée p. H. Bellangé, E. Lamy . . . (Uniformes coloriés, portraits, vues de sites, combats, scènes militaires). Gr. in-8°, 1847, rel.

433 **Schleifermädchen (Das) aus Schwaben.** 2 Bde. Frankf. a. M. 1790, cart.

434 **Schneider, L.** Präsentirt das Gewehr. Ein Geschenk f. Knaben. Anleitung z. milit. Spielen. Mit 5 col. Uniform-Abbildungen, cart.

435 **Schubauer, Fr.** Darstellung der kgl. sächsischen Armee. Her. v. Pietro del Vecchio. 9 color. Tafeln. In-fol. obl., 1834, cart.

436 **Silfwerskjöld, T. von.** Krönung u. Huldigung Oscar I., Königs von Schweden u. Norwegen u. der Königin Josephine, in Stockholm am 28. Sept. 1844. Mit 15 col. Abbildungen. 1845, geb.

437 **Soldaten-Post, illustrierte.** Ein milit. Sonntagsblatt. Mit zahlreichen schwarzen Militärbildern, Porträts u. Plänen. Jhrg. 1850. (Alles was überhaupt erschienen!) Cart.

438 **Sopha (Le).** Conte morale. Nouv. édit. 2 parties rel. en 1 vol. Av. grav. sur cuivre. Pekin 1776, in-24.

439 **Tableaux** de la vie, ou les Moeurs du 18e siècle. Nouv. édit. en 2 tomes. Av. 16 pet. grav. sur cuivre. In-24. Londres 1791, cart.

440 **Uniform (Neue) franz. Nationalgarde.** Ausgeschnittene Figur mit 8 verschiedenen Uniformen. Cart.

441 **Uniformbilder.** 3 col. Tafeln aus älteren Werken herausgenommen.

5. Géographie et Voyages.

442 **Alpenröslein** od. 24 maler. Ansichten aus dem Salzkammergute . . . u. d. Tyroler-Gebirgen. Text deutsch u. franz. Quer-8°, 1836, cart.

443 **Amusemens des Bains de Bade** en Suisse, de Schintznach et de Pfeffers. Enrichi de tailles-douces. Londres 1739, rel.

444 **Amusemens des eaux de Spa.** Enrichi de tailles-douces. 2 tomes en 1 vol. In-18. Amsterdam 1735, rel.

445 **Bernoulli, Joh.,** Sammlung kurzer Reisebeschreibungen. Jhrg. 1781—83. 12 Bde. Mit Kupfertafeln. Geb.

446 **Bilderbeck, L. F. v.** Spanien, nach Langle. Mit 6 span. Ansichten. 1805, cart.

447 **(Bulloch).** Atlas histor. pour servir au Mexique en 1823. Av. l'explic. des planches. Paris 1824, in-fol. obl., 1824.

448 **Cluverius, Phil.** Introductionis in Universam Geographiam. Av. front. gravé. In-64, 1629, rel.

449 **Cronaca Veneta sacra e profana.** O sia un Compendio . . . della citta di Venezia. 2 vol. Av. planches grav. Venezia 1793, in-24, rel.

450 **Custine, M. de,** Mémoires et Voyages, ou Lettres écrites à diverses époques, pendant ses courses en Suisse, en Calabre, en Angleterre, et en Ecosse. 2 vol. 1830, rel.

451 **Daumont, A.** Voyage en Suède: Atlas de 11 pl. lithogr. (Vues, costumes et carte). Pet. in-fol. (1834), cart.

452 **Degrandpré, L.** Voyage à la Côte occidentale d'Afrique, en 1786 et 1787. 2 vol. Av. vues, cartes et plan. 1801, cart.

453 **Dumont d'Urville.** Voyage pittoresque autour du Monde. 2 vol. Av. cartes et nombr. planches gravées s. acier. 1834—35, rel.

454 **Eyriès, J.-B.** Voyage pittoresque en Asie et en Afrique. Accomp. de cartes et de nombr. planches grav. s. acier. 1839, rel.

455 **Forbin, Cte. de,** Souvenirs de la Sicile. Av. vue-frontisp. 1823, rel.

456 **Frommel, C.** Tyrol. 13 Kupfertafeln. In-fol. 1842, cart.

457 — u. **Schreiber.** Baden und seine Umgebungen, in malerischen Ansichten. In-fol. Carlsruhe o. J., geb.

458 **Gautier, Théoph.** L'Orient. 2 vol. 1877, br.

459 **Geib, Karl.** Malerische Wanderungen am Rhein. Mit 96 Ansichten in Stahlstich, in 16 Heften. (H. 1 fehlt). Carlsruhe 1838.

460 **Gilpin, W.** Voyage en différentes parties de l'Angleterre . . . Trad. de l'anglais. 2 vol. Ornés d'un grand nombre de gravures. 1789, rel.

461 **Guide (Le),** ou Nouvelle Description d'Amsterdam. Enrichi d'un grand nombre de tailles douces. Amsterdam 1772, rel.

462 **Jäger, Aug.** Der Deutsche in Algier, od. zwei Jahre aus meinem Leben. Mit Titelansicht. Stuttgart 1834, cart.

463 **Keate, G.** Relation des Iles Pelew. Trad. franç. 2 vol. Av. grav. s. cuivre. 1788, rel.

464 **Kleemann, N. E.** Tagbuch seiner Reisen. Mit Karte u. vielen Kupfern. Prag 1783, geb.

465 **Laborde.** Voyage en Espagne. Av. grand nombre de planches gravées. 4 vol. In-fol. 1806—20, rel.

466 **Le Vaillant,** Voyage dans l'Intérieur de l'Afrique, dans les années 1780 à 1785. 2 vol. Av. planches gravées. 1790, rel.

467 — Second Voyage dans l'Intérieur de l'Afrique . . . dans les années 1783, 84 et 85. 3 vol. Av. nombr. planches gravées. An III, rel.

468 **Lopez, Eduart.** Warhaffte vnd Eigentliche Beschreibung dess Königreichs Congo in Africa . . . / darinnen der Inwohner Glaub / Leben Sitten vnd Kleidung wol vermeldet vnd angezeigt wirdt. / In vnser teutsche Spraach vbersetzt durch Augustum Cassiodorum. Mit vielen handcolor. Tafeln u. Holzschnitten. In-fol. Franckfort a. M. 1597. 2 Bde., geb. (Sehr wertvoll. Teilweise ausgebessert).

469 **Matthisson, Friedr. von.** Erinnerungen. 5 Bde. mit Titelkupfern. Wien 1815, cart.

470 **Meissner, A. G.** Hist.-maler. Darstellungen aus Böhmen. Mit 14 illumin. Kupfertafeln. Quer-8°. Prag 1798 geb.

471 **Meyer's Universum,** Bd. I—XIX. In Lfgn. Mit vielen Stahlstichen. Hildburghausen, 1835—1857. (Bd. XIII Lfg. 6 fehlt).

472 **Mollien, G.** Voyage dans la République de Colombia en 1823. 2 vol. Av. la carte, des vues et divers costumes. 1824, rel.

473 **Mungo Park.** Second Voyage dans l'Intérieur de l'Afrique, pendant l'année 1805. Trad. de l'anglais. Av. portrait, carte et planches. 1820, rel.

474 **Nodier, Ch.** Promenade de Dieppe aux Montagnes d'Ecosse. Av. carte et 3 pl. col. 1821, rel.

475 — Journal de l'Expédition des Portes de Fer. Av. nombr. illustr. et des hors texte. In-4°, 1844, cart.

476 **Orbigny, Alcide d'.** Voyage pittoresque dans les Deux Amériques. Av. cartes et nombr. planches gravées s. acier. 1836, rel.

477 **Otth, Ad.** Esquisses africaines. Dess. pendant un voyage à Alger et lithogr. en 30 pl. Gr. in-fol. Berne 1839, cart.

478 **Paty, Isidore de.** Manuel du Voyageur aux environs de Paris. Av. grand nombre de vues grav. et une carte. Paris 1826, in-24, rel.

479 **Péron, F.** Voyage de Découvertes aux Terres australes, exécuté . . . pendant les années 1800 á 1804. 2 vol. (Texte et atlas). In-4° et in-fol. 1807—1811, rel.

480 **Péron et Freycinet.** Voyages et Découvertes aux Terres australes. Texte et Atlas. 1816, rel.

481 **Pertusier, Ch.** Atlas des Promenades pitt. dans Constantinople et sur les Rives du Bosphore. Gravé par Pringer, d'après les dessins de Préault. 25 planches. Gr. in-fol., 1817, cart.

482 **Plans et Profilz** des principalles villes des provinces de France. (Environ 200 pl. grav.) Gr. in-8°, obl. (17e siècle), rel.

483 **Revue maritime.** T. I à IV 1834—1837. Av. cartes, portraits et vues gravés sur acier. 4 vol. rel.

484 **Richter, T. E. M.** Reisen zu Wasser u. zu Lande, in den J. 1805—1817. 10 Bde. Dresden 1821—29, cart.

485 **Roberts, A.** Geograph. Kleinod / . . . Eine Historie der Neu-gefundenen Völcker Sevarambes genannt / . . . . Mit vielen schönen Kupfern. In-4°. Sultzbach 1689, cart.

486 **Rogissart, de.** Der kluge u. wohlerfahrene Hoffmeister durch Italien. Ins Teutsche übersetzet. Mit viel schönen Kupfern gezieret. Berlin 1712, geb.

487 **Rovargue.** Venise. Av. 20 vues lith. In-fol., 1837, cart.

488 **Schicksale eines Schweizers** während seiner Reise nach Jerusalem u. d. Libanon. 3 Bde. Mit einigen Kupfern. 1815, cart.

489 **Schreiber, Aloys.** Handbuch f. Reisende am Rhein. Mit 2 Karten u. verschied. Plänen. 3. Aufl., cart.

490 **Skinner, J.** Voyages au Pérou, faits de 1791 à 1794, par M. Sobreviela et N. y Barcelo. 2 vol. 1809, rel.

491 **Stein-Klippen** (Die Hoche) u. Gebürge / Cyaneae, Olympus u. Athos . . . . Dem Curiosen Leser zur Nachricht / u. Belustigung / Historisch / u. in Kupffern vorgestellt. In-fol. Augsb. 1689, cart.

492 **Vasi, Giuseppe.** Itinerario istruttivo . . . . di Roma. Mit Kupfern. Roma 1777, in-24, cart.

493 **Voyage de Dimo et Nicolo Stephanopoli** en Grèce, pendant les Années V et VI. 2 vol. Av. figures, plans et vues. 1799, cart.

494 **Voyage en France** et autres Pays, en prose et en vers, par Racine, La Fontaine, Regnard, etc. etc. 5 vol. ornés de 36 planches, dessinées et gravées par les meilleurs artistes. In-24, 1818, cart.

495 **Vues de la Grèce moderne.** Lithogr. par A. J. accompagnées d'un texte descriptif par E. L. 10 planches. In-fol. obl., 1824, rel.

6. Histoire, Mémoires, Lettres, etc.

496 **André, Ed.** Histoire de l'Abbaye du Bricot en Brie. 1895, br.

497 **Arnault, A. V., A. Jay, E. Jouy, J. Norvins etc.** Biographie nouvelle des Contemporains, ou Dictionnaire hist. de tous les hommes qui, depuis la Révolution franç., ont acquis de la célébrité . . . 20 vol. ornés de 240 portr. au burin. 1820—25, rel.

498 **Art (L') de vérifier** les Dates de la Révolution. An XII, cart.

499 **Audot, L. E.** Fac Simile du Testament de Louis XVI. Gravé par Pierre Picquet. — Fac simile du Testament de Marie-Antoinette d'Autriche. In-4°, 1816, cart.

500 **Barthélemy, J. J.** Voyage du Jeune Anacharsis. 8 vol. Av. frontisp. gravés. In-32, 1827, cart.

501 **Bausset, L.-F.-J.** Mémoires anecdotiques sur l'Intérieur du Palais de 1805 à 1814. 4 vol. av. quelques portr. grav. 1827—29, rel.

502 **Beaumarchais, Caron de.** Mémoires. 2 vol., av. frontispices gravés. 1775, cart.

503 **Bellamy.** Mémoires. 2 vol. Av. frontisp. gravés. An VII, cart.

504 **Berville et Barrière.** Mémoires de Madame Roland. 2 vol. 1820, rel.

505 **Biographies diverses:** des Conventionnels, des Pairs de France, des Députés, des Quarante de l'Académie, des Cardinaux et Evêques, des Dames de la Cour, des Militaires et de Napoléon. 5 vol. In-32, 1826, cart.

506 **Blanc, Louis.** Histoire de Dix Ans. 1830—1840. 5 vol. Av. planches grav. 1846, rel.

507 — Histoire de la Révolution franç. 12 vol. 1847—62, br.

508 **Bülau, Friedr.** Geheime Geschichten u. Rätselhafte Menschen. Sammlung verborgener od. vergessener Merkwürdigkeiten. 4 Bde. Leipzig 1850—52, cart.

509 **Buonaparte** peint par lui-même, dans sa carrière mil. et polit. 1814, rel.

510 **Buonapartes Feldzüge** in Italien, aus d. Französischen des Bürgers P . . General-Offic. d. franz. Armee. Mit Kupfern u. einer Karte. Leipzig 1798, cart.

511 **Casanova de Seingalt, J.** Mémoires. 14 vol. Paris 1825—1829, cart.

512 **Chambure, Aug. de.** Napoléon et ses Contemporains. Suite de grav., av. texte. In-4°, 1824. Pl. rel. cuir orig., av. fers spéc., tr. dorées av. inscriptions.

513 **Chodzko, L., et Ign.-Stan Grabowski.** La Pologne histo littér., monument. et pittoresque. 3 vol. Ornés de gravures en taille-douce. 1835—1842, rel.

514 **Chronique** du Temps de Charles IX. 1572. Paris 1829, rel.

515 **Constant.** Mémoires sur la vie privée de Napoléon, sa famille et sa cour. 6 vol. 1830, rel.

516 **Constantine.** Expédition et siège en 1837. 4 brochures diverses, av. cartes et vues. 1838.

517 **Constitution** de la République française. In-fol. Paris 1848, cart.

518 **Contagion sacrée (La),** ou Histoire naturelle de la Superstition. Lond. 1775, rel.

519 **Desessarts.** Précis historique de la Vie, des Crimes et du Supplice de Robespierre. Av. portrait. Paris 1797, cart.

520 **Du Barri (la Comtesse).** Mémoires. 6 vol. Av. portr. 1829—30, rel.

521 **Duclos.** Mémoires secrets sur les Règnes de Louis XIV et de Louis XV. 2 tomes rel. en 1 vol. Paris 1791.

522 **Dulaure.** Esquisses hist. des princ. evénemens de la Révolution franç. 5 vol. Av. grand nombre de planches gravées. 1823—25, rel.

523 **Dumas, Alex.** Napoléon. Av. 12 portr. en pied gravés s. acier. 1840, br.

524 **Dumouriez (General).** Denkwürdigkeiten. Mit Anmerkgn. von **Chr. Girtanner.** 2 Tle. in 1 Bde. cart. Mit Portrait. Berlin 1794.

525 **Duval, Val. Jamerai.** Oeuvres. Av. quelques figures grav. 2 tomes en 1 vol. St. Pétersbourg 1784, rel.

526 **Echo (l') des Salons de Paris** depuis la Restauration; ou Recueil d'anecdotes sur l'exempereur Buonaparte, etc. etc. 3 vol. Paris 1814—1815, rel.

527 **Eckhart, Jo. Georg.** Commentarii de rebus Franciae orientalis et Episcopatus Wirceburgensis. T. I. Mit etlichen Kupfern. In-fol. Wirceburgi 1729, Pergamentbd.

528 **Encyclopédie des Gens du Monde.** Répertoire universel des Sciences, des Lettres et des Arts. 22 vol. 1833—44, cart.

529 **Fain (le Baron).** Manuscrit de 1813, 1812 et An III . . . pour servir à l'Histoire de l'Empereur Napoléon. 5 vol., av. plans divers. 1825—1828, rel.

530 **Fêtes du Mariage** de S. M. l'Empereur Napoléon-le-Grand avec la Princesse Marie-Louise, archiduchesse d'Autriche. Av. front. gravé. 1810, cart.

531 **Flavii, Josephi.** Sämtliche Wercke, als 20 Bücher v. d. alten Jüdischen Geschichten, Eines von seinem Leben, ... Mit vielen Anmerkungen . . . versehen u. ausgefertiget v. **Joh. Fr. Cotta.** Mit versch. Kupfern. In-fol. Tübingen 1836, geb.

532 **Foy (le Général).** Discours. 2 vol. Av. portrait et fac-simile. 1826, rel.

533 — Histoire de la guerre de la Péninsule sous Napoléon. 4 vol. 1827, rel.

534 **Gallois, Léonard.** Histoire de Napoléon d'après lui-même. Ornée de 2 pl. gravées. 1827, rel.

535 **Goldsmith, L.** Histoire secrète du Cabinet de Napoléon Buonaparte, et de la Cour de St. Cloud. Londres 1810, cart.

536 **Grammont, Comte de.** Mémoires. 2 vol. Av. portr. In-32, 1826, rel.

537 **Gréhan, Amédée.** La France maritime. 4 tomes en 5 vol. Av. nombr. planches hors texte. 1835—42, rel.

538 **Guicciardini, Francesco.** Della Istoria d'Italia. 2 vol. In-fol. Venezia 1738, rel.

539 **Guillimannus, Francisc.**, Habsburgiaca, sive de antiqua, et vera origine Domus Austriae . . . Mediolani 1605, in-4°, rel.

540 **Histoire de la Conjuration** de Louis-Philippe-Joseph d'Orléans . . . surnommé Egalité. 6 tomes en 3 vol. In-24, 1796, cart.

541 **Histoire des Sociétés secrètes** de l'Armée, et des Conspirations militaires. In-18. Paris 1815, cart.

542 **Histoire du Directoire exécutif** de la République franç. 2 vol. Paris 1801, cart.

543 **Histoire du Gouvernement françois** depuis l'Assemblée des Notables, tenue le 22 févr. 1787, jusqu'à la fin de décbr. 1787. Londres 1788, rel,

544 **Histoire militaire des Français,** par campagnes, depuis le commenc. de la Révolution jusqu'à la fin du règne de Napoléon. 12 vol. Ornés de portraits, plans et cartes. In-24, 1826—30, rel.

545 **Hommes célèbres (Les) de l'Italie,** par Legouvé, Schoelcher, Ch. Didier, etc. 28 portraits en pied gravés s. acier. Paris 1845, in-4°, rel.

546 **Huber, V.-A.** Esquisse sur l'Espagne. Trad. de l'allemand p. **L. Levrault.** 1830, rel.

547 **Journée du 30 Nov. 1825,** ou Récit des derniers momens et des funérailles du Général Foy. Av. frontisp. Paris 1825, br.

548 **Jouy, E.** et **A. Jay.** Les Hermites en Prison, ou Consolation de Sainte-Pélagie. 2 vol. Av. portr., 2 grav. et 6 vignettes. 1823, rel.

549 **Labaume, Eug.** Relation circonstanciée de la Campagne de Russie. Av. 2 plans. 1814, cart.

550 **La Curne de Sainte-Palaye.** Mémoires sur l'anc. Chevalerie. Av. notes hist. p. **Ch. Nodier.** 2 vol., av. 2 frontisp. gravés. 1829, rel.

551 **La Rochefoucauld, de.** Mémoires. Av. portrait grav. In-24, 1804, rel.

552 **Laurent, P. M.** Histoire de Napoléon. Av. portr. gravé. In-24, 1827, rel.

553 — Histoire de l'Empereur Napoléon. Illustrée par **Horace Vernet.** 1839, rel.

554 **Leben Klemens des XIV.** letztregierenden röm. Pabstes. Franckfurt 1775, cart.

555 **Leben und Thaten des Joseph Balsamo,** sogenannten Grafen Cagliostro. 1814, cart.

556 **Leber, C.** Les Cérémonies du Sacre. Orné de 48 planches. 1825, rel. (Bel ouvrage).

557 **Lettres d'une Femme** du 14e siècle. Trad. de l'Allemand. Ornées de très-belles figures grav. en taille-douce. In-32. Amsterdam 1788, rel.

558 **Ligne, le Maréchal Prince de.** Lettres et Pensées. Publ. p. Mme de Staël Holstein. 1809, cart.

559 — Mémoires et Mélanges histor. et littéraires. 4 vol. Av. portrait. 1827—28, br.

560 **Linguet.** Mémoires sur la Bastille. Av. frontisp. gravé. Londres 1783, rel.

561 **Magalon, J.-D.** Annales milit. des Français. 8 vol. In-32. 1826—27, cart.

562 **Maintenon, Mme de, et Mme la Princ. des Ursins.** Lettres inédites. 4 vol. 1826, rel.

563 **Massenet.** Histoire ancienne, du Moyen-Age et des Temps modernes. (Cours d'histoire **manuscrit** des années 1820—1822. In-4°, 2 vol., cart.

564 **Mémoires de la Bastille,** sous les règnes de Louis XIV, Louis XV et Louis XVI. Londres 1784, in-18, rel.

565 **Mémoires des Contemporains.** (Général Rapp, Baron Fain, L.-J. Gohier, Duc de Choiseul). 5 vol. Av. qques. portr. et plans. 1823—24, rel.

566 **Mémoires d'un Apothicaire** sur la Guerre d'Espagne, de 1808 à 1814. 2 vol. Paris 1828, cart.

567 **Mémoires d'une Contemporaine,** ou Mémoires d'une femme sur les principaux personnages de la Républ., du Consulat, de l'Empire, etc. 8 vol. Av. 2 portr. gr. 1827—28, rel.

568 **Mémoires d'une Femme de Qualité,** sur Louis XVIII, sa cour et son régne. 6 vol. 1829—30, cart.

569 **Mémoires d'une Jeune Grecque.** Mme Pauline-Adélaïde Alexandre Panam, contre S. A. le Prince-régnant de Saxe-Cobourg. 2 parties en 1 vol. Av. 2 portr. lith. 1823, rel.

570 **Mémoires sur le Consulat,** 1799 à 1804. Par un anc. Conseiller d'Etat. 1827, rel.

571 **Mémoires sur l'Impératrice Joséphine,** ses Contemporains, la Cour de Navarre et de la Malmaison. 8 vol. 1828—29, br.

572 **Mémoires et Révélations** d'un Page de la Cour Impériale, de 1802 à 1815. 2 vol. 1830, br.

573 **Mirabeau.** Choix de Lettres à Sophie. 2 vol., av. 2 portr. gravés. In-24. 1811, cart.

574 **Montesquieu (de).** Lettres persanes. 3 vol. Dijon 1797.

575 **Montgaillard, l'abbé de.** Histoire de France, depuis la fin du règne de Louis XVI jusqu'en 1825. 9 vol. Av. portr. gravé. 1827, rel.

576 **Montléon, Aimé Guillon de.** Mémoires pour servir à l'Histoire de la ville de Lyon pendant la Révolution. 3 vol. Av. vues, portrait et plans gravés. 1824, rel.

577 **Moreau u. sein lezter Feldzug.** Eine hist. Skizze v. einem Offizier seines Generalstabes. 1801, cart.

578 **Morellet, l'abbé.** Mémoires sur le 18e siècle et sur la Révolution. 2 vol. Av. portr. gravé. 1821, rel.

579 **Napoléon Bonaparte.** Oeuvres choisis. 4 vol. In-32. 1827, cart.

580 **Napoleon Bonaparte** u. das franz. Volk unter seinem Consulate. Mit 1 Kupfertafel. 1804, rel.

581 **Norvins, de.** Histoire de Napoléon. 4 vol. Av. nombreux portr., vues et cartes gravés. 1827—28, rel.

582 — Histoire de Napoléon. Av. vignettes et hors texte par **Raffet.** 1839, rel.

583 **Petite Biographie conventionnelle,** ou Tableau . . . des 749 Députés qui composaient l'assemblée dite de la Convention. Orné d'une jolie grav. In-18, 1815, rel.

584 **Pièces judiciaires et hist.** relatives au Procès du Duc d'Enghien. (Sammelband). 1823, cart.

585 **Portrait de Philippe II.** Roi d'Espagne. Amsterdam 1785, rel.

586 **Précis des Evènemens militaires,** ou Essai hist. sur les Guerres présentes. 19 vol. Av. 7 Atlas. Paris 1800—1826, in-8°, et in-fol., rel.

587 **Précis historique** sur Napoléon Buonaparte . . . Le tout extr. des Mémoires d'un Homme qui ne l'a point quitté depuis 15 ans. Paris 1814, in-18, cart.

588 **Raynal.** Histoire du Stadhouderat. La Haye 1748, rel.

589 **Recueil des Traittez de Paix,** Trèves et Neutralité entre l'Espagne et la France. 3e éd. Av. titre gravé. Anvers, Impr. Plantinienne, 1664, rel.

590 **Rehfuss, P. J.** Tagebuch eines deutschen Offiziers üb. seinen Feldzug in Spanien im J. 1808. Nürnberg 1814, cart.

591 **Reichardt's** Vertraute Briefe aus Paris geschrieben in den J. 1802 u. 1803. 3 Bde. Hamburg 1804, cart.

592 **Rengger et Longchamp.** Essai hist. sur la Révolution du Paraguay. Av. carte. 1827, rel.

593 **Revue Germanique (Nouvelle).** Recueil littér. et scientif. T. I à XXX: 1829 à 1837. Collect. cplte., cart.

594 **Riccati, Ch.** Tableau hist. et raisonné des événemens . . . . depuis mars 1815, jusqu'au 8 juillet 1816. 3 vol. 1817, cart.

595 **Saar, Joh. Jac.** Ost-Indianische fünfzehen-jährige Kriegs-Dienste / und Wahrhafftige Beschreibung / was sich . . . von 1644 biss 1659 zur See / und zu Land / . . . . begeben habe / am allermeinsten auf . . . Ceilon. Mit Kupferstichen. In-fol. Nürnberg 1672. — Angebunden: **Gottfried, J. L.** Inventariam Sveciae, Das ist: . . . Beschreibung dess Königsreichs Schweden . . . Mit schönen Kupferstücken. Franckf. a. M. 1632. Pergamentbd. (S. 410: Ansicht v. Strassburg).

596 **Saintfoix, de.** Essais hist. sur Paris. 4 vol. Av. portr. de l'auteur. In-18, Paris 1766, rel.

597 **Saint-Simon, Louis de.** Oeuvres complettes. 13 vol. 1791, rel.

598 **Salgues, J.-B.** Mémoires pour servir à l'Histoire de France sous le gouvernement de Napoléon Bonaparte. 9 vol. Av. 4 portr. grav. 1814—26, rel.

599 **Sammlung von Anekdoten** u. Charakterzügen aus den Kriegen 1805 bis 1809. 40 Hefte in 10 Bdn. cart. Leipzig 1810—12.

600 **Saulx-Tavannes, Gaspard de.** Mémoires. 2 vol. Paris, an II. cart.

601 **Schnitzler, J.-H.,** Statistique générale . . . de la France. 4 vol. 1846, br.

602 **Ségur, le Général Comte de.** Histoire de Napoléon et de la Grande-Armée pendant l'année 1812. 3 vol. av. atlas (portr., vues et plans). 1826—27, rel.

603 **Skizzen zu einer Geschichte** des russisch-franz. Krieges im J. 1812. Leipzig 1814, cart.

604 **Soria, Diego.** Histoire générale de l'Italie, de 1846 à 1850. 2 vol. Paris 1859, br.

605 **Souvenirs d'un Homme de Cour,** ou Mémoires d'un anc. Page; contenant des Anecdotes sur Louis XV . . . écrits en 1788. 2 vol. Paris 1805, cart.

606 **Souvenirs et Campagnes** d'un Vieux Soldat de l'Empire, par un Capitaine de la Garde Impér. 2 tomes en 1 vol. Av. portr. de l'auteur. 1843, cart.

607 **Svinine, Paul de.** Détails sur le Général Moreau. Av. portr. gravé. 1814, rel.

608 **Thiers, A.** Histoire de la Révolution française. 10 vol. 1823—27, rel.

609 **Tissot, P.-F.** Précis, ou Histoire abrégé des Guerres de la Révolution franç. de 1792 à 1815. 2 vol. 1821, cart.

610 — Mémoires hist. et milit. sur Carnot. Av. portr. gravé. 1824, rel.

611 **Valckenier, Petrus.** Das Verwirrte Europa. Oder / Politische u. Historische Beschreibung der in Europa, fürnehmlich in den Vereinigten Niederlande / seither dem Jahre 1664 entstandenen . . . Kriege . . . Geziert mit vielen kunstreichen Kupffer-Stücken. 3 Bde. In-fol. Amsterdam 1677—83, geb.

612 **Vaudoncourt, le Général de.** Histoire pol. et milit. du prince Eug. Napoléon, vice-roi d'Italie, 2 vol. Av. qques. pl. grav. 1828, rel.

613 **Vertot, l'abbé de.** Révolutions de Portugal. Nouv. édit. Av. 2 planches grav. Paris 1768, in-18, rel.

614 **Vidocq,** Chef de la Police de Sureté. Mémoires, jusqu'en 1827. 6 vol. 1828—1830, br.

615 **Villette, Charles.** Lettres choisies sur les principaux Evènemens de la Révolution. Paris 1792, cart.

616 **Vitet, L.** Scènes historiques, 1588—1589. 3 vol. 1829—1830, rel.

617 **Voltaire.** Oeuvres. Av. préfaces, notes, etc. par M. Beuchot. 72 vol. Paris 1830—40, br.

618 **Voyages de Leurs Majestés** en Algérie (Sept. 1860). Av. gravures. In-4°, br.

619 **Waldbourg-Truchsess (le Comte de).** Nouv. Relation de l'Itinéraire de Napoléon de Fontainebleau à l'Ile d'Elbe. Trad. de l'Allemand. 1815, br.

620 **Zschokke, Heinrich,** Miscellen f. d. Neueste Weltkunde. I.—VII. Jhrg. 1807—1813. 7 Bde. In-4°, cart. (Compl. Collection).

621 — Ueberlieferungen zur Geschichte unserer Zeit. Jhrg. 1817—1820. 4 Bde., geb.

7. Histoire naturelle. — Médicine.

622 **Arzt (Der) f. Freudenmädchen** u. ihre Kunden. Bremen 1801, cart.
623 **Boitard.** Paris avant les Hommes. L'Homme fossile, etc. Av. illustrations. 1861, rel.
624 **Haller, A. v.** Natürliche Historie der Froesche hiesigen Landes. Mit vielen Kupfertafeln. In-fol. Nürnberg 1758, geb.
625 **Lonicerus, Adamus.** Kreuterbuch / Künstliche Conterfeytunge der Bäume / Stauden . . . . Item von fürnembsten Gethieren der Erden Vögeln / vnd Fischen. Dessgleichen von Metallen / Ertze / . . . . Mit vielen color. Holzschnitten. In-fol. Franckfort 1582. Schwsldrbd.
626 **Schreber, J. Chr. D.** Beschreibung der Gräser nebst ihren Abbildungen nach der Natur. Mit 40 ausgemalten Kupfertafeln. In-fol., 1769, geb.
627 **Sulzer, Dr.** Abgekürzte Geschichte d. Insecten nach d. Linnaeischen System. Mit 32 ausgemahlten Kupfertafeln. Nebst Suppl. in lat. Sprache, von **J. J. Roemer.** Mit 5 weiteren Tafeln. In-4°. Winterthur 1776—89, geb.

8. Littérature, Poésies, Théâtre, Eloquence.

628 **About, Edm.** Le Roman d'un brave Homme. 1880, br.
629 **Album Britannique,** ou Choix de Morceaux traduits des Recueils annuels de la Grande-Bretagne. Orné de 12 belles grav. angl. 1831, rel.
630 **Amic, Henri,** Les 28 Jours d'un Réservistes. 1881, br.
631 **Arlincourt, le Vicomte d'.** Le Solitaire. 11e éd. ornée de vignettes par Ambr. Tardieu. 2 vol. In-18. 1826, rel.
632 **Arnaud (d').** Oeuvres. 2 vol. Av. qques. grav. sur cuivre. 1767—68, rel.
633 **Baisers (Les),** suivis du mois de mai. Poème. Av. frontisp. grav. par Marillier. In-24, Genève 1777, rel.
634 **Béranger, P. J. de.** Chansons nouvelles. 1825, rel.
635 — Chansons. 2 vol. Av. portr. In-32, 1826, rel.
636 **Bérenger, Jouy, E. de Pradel, etc.** La Marotte de Sainte-Pélagie, ou Momus en prison. Av. front. gravé et vignettes. 1825, cart.
637 **Bibliothèque en Miniature,** en 12 vol.: Oeuvres de Bernard, Bertin, Colardeau, Gresset, Luce de Lancival, Malfilatre. Puis: Desmoustier, Lettres s. la Mythologie. — Voyage de Chapelle et Beaumont. — Voyage de Gulliver. In-32, 1826, rel.
638 **Bijoux (Les) des Neuf-Soeurs.** Av. de jolies gravures par **Le Barbier.** 2 vol. Paris 1790, in-18, rel.
639 **Bocaz.** Kern der lustigen u. scherzhaften Erzählungen des Bocaz. Aus d. Italiänischen. Mit Kupfern. 1762, cart.
640 **Boileau Despréaux.** Oeuvres. Nouv. éd. par M. de Saint-Marc. 5 vol. Av. fig. gravées d'après les dessins de **Picart le Romain.** 1772, rel.
641 **Börne, Ludw.** Briefe aus Paris 1830—1833. 6 Bde. Hamburg-Paris. Cart.
642 **Boufflers, de.** Oeuvres. 4 vol. Av. gravures sur cuivre. In-24, 1817, rel.
643 — Oeuvres. 2 vol. ornés de 9 figures. Paris 1828, br.
644 **Bürger, G. A.,** Gedichte. 2 Bde. Carlsruhe 1823. cart.
645 **Byron, (Lord).** Oeuvres complètes. Trad. de l'anglais. 17 vol. (T. 16 manque). In-24, 1821—24, rel.

646 **Canitz, von.** Sämtliche Gedichte. Mit Kupfern von S. H. Grimm. In-24. Bern 1772, geb.

647 **Carnot, L.-N.-M.** Opuscules poétiques. 1820, rel.

648 **Catel, S. H.** Elise, ou Le Modèle des Femmes. Trad. de l'allem. Av. 6 grav. de **Penzel**. In-24, An VII, cart.

649 **Chateaubriand.** Oeuvres complètes, 32 vol. 1826—31. br.

650 **Clauren, H.** Schriften. 77 Bdchn. in 22 Bde. cart. In-24. Stuttgart 1827—29.

651 **Cooper's** sämtliche Werke. 75 Bdch. in 25 Bdn. cart. In-24. Franckfurt a. M. 1826—1832.

652 **Cousin (Le) de Mahomet.** Orné de 6 figures. 2 vol. In-32. Constantinople 1781, rel.

653 **Cousin d'Avalon.** Beaumarchaisiana ou Recueil d'anecdotes, bons mots, sarcasmes . . . . de Caron de Beaumarchais. Av. portr. gravé. In-24, 1812, rel.

654 **Delavigne, Casimir.** Messéniennes et Poésies diverses. 2 vol. Av. grav. sur acier. 1824, rel.

655 — Théatre. 4 vol. Av. frontispices gravés. 1826, rel. (2 ex.)

656 — Sept Messéniennes. Nouvelles. In-24, 1827, rel.

657 **Désaugiers.** Chansons. 4 vol. 1827. rel.

658 **Diderot.** La Religieuse. 3 tomes cart. en 2 vol. Av. 3 frontisp. Paris 1797, in-24.

659 **Du Cange** Glossarium ad scriptores mediae et infimae latinitatis. 6 vol. In-fol., 1733—36, rel.

660 **Duller, Eduard.** Deutsches Stammbuch. Mit Bilderbeilagen. In-4°. Carlsruhe, o. J., geb.

661 **Duval, Valentin Jameraí.** Oeuvres. Av. portr. gravé. 3 vol. In-24, 1785, cart.

662 **Eberhard, A. G.** Hanchen u. die Küchlein. — Der erste Mensch u. die Erde. 2 Bde. Mit Titelkupfern. In-24, 1827—28, cart.

663 **Fénélon.** Les Aventures de Télémaque, av. les Notes-mythol. p. F. Noël. Av. 28 grav. sur cuivre. 4 vol. In-24, (18e siècle), rel.

664 **Flamand-Grétry.** Hermitage de J.-J. Rousseau. Av. figures lith. 1820, cart.

665 **Fond du Sac (Le) renouvelé,** ou Bigarrures et Passe-tems critiques. 4 tomes rel. en 2 vol. Paris 1805, in-24.

666 **Freiheits-Gedichte.** 2 Tle. in 1 Bde. Mit 2 Titelkupfern. An V. rel.

667 **Gauner John (Der)** u. seine Genossen. Ein komischer Roman. 1798, geb.

668 **Gellert, Chr. Fürchtegott.** Werke. 10 Bde. Carlsruhe 1774, geb.

669 **Geoffroy.** Cours de littérature dramatique. 6 vol. 1825, br.

670 **Gessner, Sal.** Schriften. 4 Bde. Mit schönen Kupfern gezieret. Zürich 1770, in-18, geb.

671 **Gleims, F. W.** Sämtliche Schriften. 2 Bde. Carlsruhe 1780. Cart.

672 **Goethe's Werke.** Vollständ. Ausg. letzter Hand. 55 Bde. Stuttgart 1827—34, cart. (Bd. 16 fehlt).

673 **Grillparzer.** Die Ahnfrau. — Das goldene Vliess. 2 Bde. 1822—23, geb.

674 **Hackländer, F. W.** Künstlerroman. 5 Bde. Stuttg. 1866, cart.

675 — Der letzte Bombardier. 4 Bde. Stuttg. 1870, cart.

676 — Die dunkle Stunde. 5 Bde. Stuttg. 1863, cart.

677 — Europäisches Sclavenleben. 4 Bde. Stuttg. 1854, cart.

678 — Eugen Stillfried. 3 Bde. Stuttg. 1852, cart.

679 **Hackländer, F. W.,** Soldaten-Geschichten. 4 Bde. Stuttg. 1853—57, cart.
680 — Handel und Wandel. Berlin 1850, cart.
681 — Wachtstubenabenteuer. 3 Bde. Stuttg. 1845—1853, cart.
682 — Sorgenlose Stunden in heiteren Geschichten. 2 vol. 1871, br.
683 **Hamilton.** Contes. 2 vol. In-32, 1826, rel.
684 **Herder, Joh. Gottfr. von.** Sämmtliche Werke: Zur Philosophie u. Geschichte, 14 Bde. — Zur schönen Litteratur u. Kunst, 16 Bde. Mit je 1 Titelkupfer. Wien 1813—1819, cart.
685 **Hoffmann, E. T. A.** Gesammelte Schriften. 12 Tle. in 7 Bde. geb. Mit Federzeichnungen. Berlin 1857.
686 **Houwald, Ernst von.** Vermischte Schriften. 2 Bde. Leipzig 1825, geb.
687 **Hugo, Victor.** Quatre livraisons ill.: „L'Art d'être Grand-Père", „Feuilles d'Automne", „Odes et Ballades", „Les Orientales". In-4°, br.
688 **Illustration (l').** T. 1 à 48. (1843 à 1866). En 48 vol. in-fol., cart.
689 **(Jobslade).** Leben, Meinungen u. Thaten von Hieronimus Jobs, dem Kandidaten. 3 Tle. in 1 Bd. cart. Mit Holzschnitten. Hamm 1824.
690 **Jouy.** Tragédies. („Bélisaire" et „Sylla"). 1818—22, rel.
691 **Irving, Washington.** Sämmtliche Werke. Uebers. u. herausg. von Chr. Aug. Fischer. 43 Bdchn. in 15 Bde. cart. In-24. Frankf. a. M., 1826—1831.
692 **Keepsake américain.** Morceaux choisis de littérat. contemp. Av. grav. s. acier. 1831, rel.
693 **Klopstock, F. G.** Der Messias. 4 Bde. Carlsruhe 1818, cart.
694 — Oden. 2 Bde. Carlsruhe 1818, cart.
695 **Körner, Theod.** Dramatische Beiträge. 4 Tle. in 2 Bde. geb. Carlsruhe 1818.
696 **Kotzebue.** Dramatische Spiele. 9 Bde. 1822, geb.
697 — Werke. 40 Bde. Orig.-Ausg. 1840—41, cart.
698 **La Fontaine.** Contes et Nouvelles en vers. 2 tomes en 1 vol. rel. In-24. Londres 1778.
699 **Lamartine, A. de.** Chant du Sacre, ou la Veille des Armes. — Epitres. 1825, rel.
700 **La Rochefoucauld.** Maximes. 2 tomes en 1 vol. Av. portr. gravé par **Couché fils.** In-32, 1827, rel.
701 **Laun, Friedr.** Louise v. Degenfeld. Gesch. Novelle. Dresden 1830, geb.
702 **Lavater, J. L.** Schweizerlieder. 4. Aufl. Mit Titelkupfer. Zürich 1775, in-18, rel.
703 **Leben (Das) u. die Meinungen** des Herrn Magister Sebaldus Nothanker. 2 Tle. in 1 Bd. 1774, geb.
704 **Le Brun.** Oeuvres. 2 vol. In-32, 1827, rel.
705 **Leclercq.** Proverbes dramatiques. 7 vol. 1827—28, rel.
706 **Legouvé.** Le Mérite des Femmes. Av. gravures. In-24, 1825, rel.
707 **Lenclos, Ninon de.** Lettres au Marquis de Sévigné, avec sa vie. 2 vol. Av. portrait. In-32. Londres 1782, rel.
708 **Le Tasse.** Jérusalem délivrée. Nouv. trad. par **A. Mazuy.** Av. grav. 1838, br.
709 **Liaisons (Les) dangereuses.** Par C . . . de L . . . 2 vol. Av. planches gravées. Londres 1796, rel.
710 **Longuerue, Louis du Four de.** Longueruana, ou Recueil de Pensées et de Discours. Berlin 1754, rel.

711 **Magasin pittoresque.** 1833 (1re année) à 1845. (13 vol. rel.), 1846 à 1854. (9 vol. en livr.)

712 **Manuel des Boudoirs,** ou Essais érotiques, sur les Dlles d'Athènes. 4 vol. A Cythère, avec Licence des Amours, l'An du Plaisir et de la Liberté 1240. In-32, rel.

713 **Matanasius, Chrisostome.** Le Chef-d'Oeuvre d'un Inconnu. 2 vol. Av. 2 portr. grav. La Haye 1745, rel.

714 **Matthisson, Fr. v.** Gedichte. Zürich 1821. — Angebunden: **Joh. Gaudenz von Salis-Seewis.** Gedichte. Zürich 1823. In-18, geb. Mit Porträts.

715 **Meissner, A. G.** Skizzen. 10 Tle. in 5 Bde. cart. Tübingen 1780—1788.

716 — Erzählungen und Dialogen. 3 Hefte in 2 Bde geb. Leipzig 1781—1789.

717 — Skizzen, Erzählungen u. Schwänke. Berlin 1813, cart.

718 **Mélanges:** Romans de moeurs, Récits historiques, Anecdotes, Voyages, etc., des années 1796 à 1810. 7 vol. in-24, rel. Av. planches grav.

719 **Mémoires du Comte de Guine.** 2 parties en 1 vol. cart. In-18. Tolbosca 1761.

720 **Mille et une Nuits (Les).** Contes arabes, trad. p. Galland. 2e éd. Av. quelques grav. 12 vol. In-32, 1826, rel.

721 **Molière.** Oeuvres. 6 vol. 1818. rel.

722 — Oeuvres. Publ. p. **Sainte-Beuve.** Av. vignettes par **T. Johannot.** Gr. in-8°, 1844, rel.

723 **Montesquieu.** Oeuvres. 9 vol. Av. portrait gravé. 1819, cart.

724 **Müllner's** Theater. 4 Bde. 1820—21, geb.

725 **Musäus, J. A.** Volksmärchen der Deutschen. 5 Tle. in 1 Bd. cart. Gotha 1826. (2 Expl.)

726 **Musikant (Der reisende).** Aus d. Französ. Stockholm 1763, cart.

727 **Pièces de Théâtre** du 17e et du commencement du 18e siècle. 1 vol. factice. Av. frontisp. gravé. Cart.

728 **Pumpernickel, Rochus.** Pillen zur Erschütterung des Zwerchfells gegen üble Laune u. Langeweile. Mit 6 illum. Kupfern. 6 Bde. Pesth 1811, cart.

729 **Rabener, Gottl. Wilh.** Satiren. 10. Aufl. 5 Tle. in 3 Bde. geb. Leipzig 1771—72.

730 **Racine, Jean.** Oeuvres. 2 vol. Av. 7 grav. sur cuivre. 1813, rel.

731 **Regnard.** Oeuvres. 2 vol. Av. frontisp. gravé. 1714, rel.

732 **Répertoire du Théâtre de Madame.** 23 vol. 1827—30, cart.

733 **Saphir, M. G.** Gesammelte Schriften. 7 Bdchn. in 4 Bde. cart. Stuttgart-München, 1832.

734. **Scheffel, Jos. Victor.** Gaudeamus! Lieder . . . 4. Aufl. Stuttg. 1869, geb.

735 **Schiller, Friedrich von.** Sämmtliche Werke. 12 Bde. Stuttgart 1813—18, geb.

736 — Gedichte. Stuttgart 1822, cart.

737 **Schillers Leben,** verfasst aus Erinnerungen der Familie . . . u. den Nachrichten sein. Freundes Körner. 2 Bde. Stuttg. u. Tüb. 1830, cart.

738 **Schlotterhose und seine Comilitonen.** Schauspielerroman voll kom. Züge u. Abentheuer. Mit Titelkupfer. Hamburg o. J., cart.

739 **Schmidt, K. Eb. K., Jacobi** u. **Gleim.** Gedichte. 1 Sammelband. 1771—72, geb.

740 **Scott, Walter.** Sämmtliche Werke. Neu übersetzt. Bdchn. 1—172 in 39 Bde. cart. Stuttgart 1826—32.

741 **Seidl, Joh. Gabr.** Flinserln. Oesterr. G.'setz'ln, G'sang'ln u. G'schicht'ln. In-32, Wien 1839, cart.

742 **Seume, J. G.** Gesammelte Schriften. 5 Bde. Wiesbaden 1823—26, cart.

743 **Shakespear's** Dramatische Werke, übers. u. erläut. v. J. W. O. Benda. 19 Bde. In-24. 1825—26, geb.

744 **Sorel, Albert.** Mme de Staël. Av. portr. 1890, br.

745 **Succès dramatiques:** Les Fourchambault. Av. 10 portr. photogr. 1878, rel.

746 **Sylphe (Le),** traduit de l'Anglois. 2 parties rel. en 1 vol. Av. frontisp. gravé. Genève 1784, in-24.

747 **Talisman (Le).** Morceaux choisis, inédits, de littérature contemp. Av. 10 pl. gravées. 1832, cart.

748 **Tausend und eine Nacht.** Arab. Erzählungen übers. v. Dr. G. Weil. Mit 2000 Bildern u. Vignetten. 4 Bde. Stuttgart u. Pforzheim 1838—1841, geb.

749 **Thümmel, M. A von.** Sämmtliche Werke. 7 Bdchn. in 6 Bde. cart. In-18. Stuttg. 1820.

750 **Tromlitz, A. v.,** Sämmtliche Schriften. 8 Bdchn. in 4 Bde. geb. In-24. Dresden 1829.

751 **Tschink, Cajetan.** Geschichte eines Geistersehers. 2 Bde. Mit 2 Titelkupfern. Wien 1790—1791, cart.

752 **Uz, Joh. Peter.** Poetische Werke. 2 Tle. in 1 Bd. geb. Carlsruhe 1819.

753 **Van der Velde, C. F.** Schriften. 6 Bdchn. in 4 Bde. cart. In-18. Stuttgart 1826.

754 **Voltaire.** Oeuvres. 4 vol. 1816, rel.

755 **Voyage dans le Boudoir de Pauline,** par L. F. M. B. L. Av. frontisp. gravé. Paris 1800, cart.

756 **Wagner, Ernst.** Die reisenden Maler. Ein Roman. Lpz. 1820. Geb.

757 **Weisse, C. F.** Kleine Lyrische Gedichte. 2 Bde. Carlsruhe 1778, cart.

758 **Werner.** Theater. 6 Bde. Mit Kupfertiteln. 1818, geb.

759 **Wieland, C. M.** Die Abentheuer des Don Sylvio von Rosalva. 2 Tle. in 1 Bd. cart. Carlsruhe 1814.

760 — Geschichte des Agathon. 3 Bde. Carlsruhe 1814, cart.

761 — Oberon. 2 Tle. in 1 Bd. cart. Carlsruhe 1815.

762 **Zola, Emile.** Le Rêve. 1891, br.

763 **Zschokke, Heinrich.** Ausgewählte Schriften. 40 Bde. In-24. Aarau 1825—28, cart.

9. Philosophie, Histoire religieuse, Droit, Science occulte, Divers.

764 **Alibert, J.** Physiologie des Passions, ou Nouvelle Doctrine des Sentimens moraux. 2e éd. 2 vol. Av. planches gravées. 1827, rel.

765 **Biblia sacra** Vulgatae editionis. 2 vol. Coloniae 1679, in-32, geb. in Futteral.

766 **Biblia.** Das ist / Die gantze Heilige Schrifft Alten und Neuen Testaments / Verteutscht durch D. Martin Luther . . . . Mit **Matthäi Merians** sel. schönen lebhafften Orig.-Kupffer-Stücken gezieret. In-fol. Franckfurt a. M. 1704. Schweinslederband.

767 **Biblia,** Das ist die gantze Heilige Schrifft Alten u. Neuen Testaments. . . . Wobey zugleich Nöthige Register u. eine Harmonie des N T. beygefüget sind. Ausgefertiget durch Chr. Matth. Pfaffen. Mit Kpfrn. Gr.-fol. Tübingen, Cotta 1729. Prachtvoller Einband mit 2 Schliessen.

768 **Erasmus von Rotterdam.** Lob der Narrheit. Aus d. Lateinischen übersetzt v. W. G. Becker. Mit 83 Holzschnitten nach Holbein. Basel 1780, geb.

769 **Girard, P. J. F.,** Traité des Armes. Orné de nombreuses figures en taille douce. Gr. in-8°, obl. La Haye 1740, dérelié.

770 **Göchhausen, Fr. v.** Notabilia venatoris, od. Jagd- u. Weidwerks-Anmerkungen. 6. Aufl. Mit Titelkupfer. Weimar 1764, cart.

771 **Gothofredius, Dionysius.** Corpus juris civilis. In-fol. Lugduni 1650. Schweinslederband.

772 **Grotius, Hugues.** Le droit de la Guerre, et de la Paix. Trad. par J. Barbeyrac. 2 tomes en 1 vol. Av. portr. gravé. Basle 1746, rel.

773 **Hübner, Joh.** Neu vermehrtes u. verbessertes Reales Staats-, Zeitungs- u. Conversations-Lexicon. Mit Kupfertafeln. Regenspurg 1742, geb.

774 **Jeep, Joh.** Andächtigs Bettbüchlein. Ulm / bey Jona Sourn. 1631. In-128, in Sammtbd., mit Goldschnitt u. Schloss. **(Miniaturformat).**

775 **La Bruyère.** Les Caractères, suivis des Caractères de Théophraste. 2 vol. Av. portrait gravé. 1818, rel.

776 **Lampe, Joachim Heinr.** Kleine Seelenlehre. Mit Kupfertafeln. Reutlingen 1812, cart.

777 **Lavater, Joh. Caspar.** Das menschliche Herz. Sechs Gesänge. 1789. — **Manuscript** in 2 Bde. in-4°, geb.

778 — 31 petits tableaux: maximes **manuscr.** encadrés. Dans 2 boîtes formant reliures. 1788.

779 **Necker.** (Directeur général des Finances). Compte rendu au Roi, au mois de Janvier 1781. Av. frontisp. gravé et 2 cartes. Paris 1781, in-4°, rel.

780 **Nougaret, M.** Les Historiettes du Jour, ou Paris tel qu'il est. Recueil d'anecdotes. 2 vol. Londres 1787, in-18, rel.

781 **Paroissien romain (Le Petit).** Nouv. édit. Paris 1820, in-24, rel. (Expl. de Mme la Bne de Sainte-Suzanne).

782 **Pauthier, G.** Les Livres sacrés de l'Orient. Pet. in-fol., 1840, br.

783 **Pilliers, P.-M.-R. des.** Les Bénédictins de la Congrégation de France. Mémoires. 2 vol. Bruxelles 1869, cart.

784 **Savary.** Le Coran, trad. de l'Arabe . . . 2 vol. Paris 1783, rel.

784a **Kratz, Arthur.** La Guerre d'Amérique. Résumé des Opérations milit. et maritimes. Av. 3 cartes coloriées. Paris 1866, br.

10. Gravures et Lots divers.

785 **Gravures extr. de Journaux et Ouvrages ill.**

786 **Plans et Cartes divers.**

787 **Découpures,** pour la plupart: Sujets militaires.

788 **Vues d'Optique.**

789 **Numéros spéciaux** de Journaux illustrés (Monde ill., Illustration, Moderne Kunst).

790 **Vues** non alsatiques.

791 **Portraits** non alsatiques.

792 **Portraits et autres gravures relatifs à Napoléon Ir.**

793 **Scènes de Batailles** et Genres divers non alsatiques.

794 **Caricatures non politiques.**

795 **Caricatures politiques.**

796 **Costumes.**

797 **Gravures alsatiques** (Portraits, Vues, etc.)
798 **Calendriers alsaciens,** à suspendre.
799 4 **Albums:** Vues, genres, etc.
800 2 Paquets: **Procès alsaciens.**
801 4 Paquets: **Imprimés alsaciens.**

802 35 Paquets: **Alsatiques divers:**

1. Bibelgesellschaft.
2. Biographies.
3. Bousewiller.
4. Caisse d'Epargne.
5. Catholicisme.
6. Chambre de Commerce.
7. Chemins de Fer.
8. Consistoire supérieur.
9. Divers (2 liasses).
10. Eglises: St. Thomas et St. Pierre-le-Jeune.
11. Eglises: Temple-Neuf.
12. Elections.
13. Fêtes de la Réformation: Sermons.
14. Fondation Apffel.
15. Gymnase protestant.
16. Instituteurs et Institutrices.
17. Journaux: Nos. anciens.
18. Mendicité.
19. Montbéliard.
20. Mont-de-Piété.
21. Neujahrsbüchlein. — Varia.
22. Oraisons funèbres. (2 liasses).
23. Poésies.
24. Polémique (2 liasses).
25. Réformés.
26. Séminaire protestant.
27. Sermons (3 liasses).
28. Société d'Evangélisation.
29. Sociétés diverses.
30. Ville de Strasbourg: Délibérations, etc.

803 1. Paquet: **Rapports divers.**
804 2. Paquets: **Photographies:** Portraits et Vues.
805 Un lot relatif à la **Garde Nationale** et à **l'Art militaire** renfermant entre autres: „**Allain Manesson Mallet,** les Travaux de Mars, ou l'Art de la Guerre". 3 vol. Amsterdam 1696. Ouvrage enrichi de **plus de 400 planches** gravées en Taille-douce.
806 **Feuilles de Soldats,** en divers lots.

Wichtige Mitteilung: Hier anschliessend, findet noch die Versteigerung einer sehr grossen Anzahl nicht katalogisierter Werke statt aus allen Gebieten der Litteratur, darunter auch viele Musik- und dramatische Werke.

Avis important: A la suite, il sera encore procédé à la vente d'un grand nombre d'ouvrages non catalogués, dont beaucoup relatifs à la Musique et au Théâtre.

www.ingramcontent.com/pod-product-compliance
Ingram Content Group UK Ltd.
Pitfield, Milton Keynes, MK11 3LW, UK
UKHW020510180726
13839UKWH00005B/2006